T0064712

بسم الله الرحمن الرحيم

تقرير معلومات (14)

المجلس التشريعي الفلسطيني

في الضفة الغربية وقطاع غزة 1996-2010

رئيس التحرير
د. محسن صالح

نائب رئيس التحرير
عبد الحميد الكيالي

مدير التحرير
ربيع الدنّان

هيئة التحرير
باسم القاسم
حياة الددا
صالح الشنّاط
محمد جمّال

قسم الأرشيف والمعلومات

مركز الزيتونة للدراسات والاستشارات
بيروت - لبنان

Information Report (14)

The Palestinian Legislative Council in the West Bank and Gaza Strip 1996-2010

Prepared By:

Information Department, Al-Zaytouna Centre

Editor:

Dr. Mohsen Moh'd Saleh

Deputy Editor:

'Abdul-Hameed al-Kayyali

Managing Editor:

Rabie el-Dannan

بيروت – لبنان

ISBN 978–9953–500–39–3

مركز الزيتونة للدراسات والاستشارات

ص.ب : 14-5034، بيروت – لبنان

تلفون: 44 36 80 1 961+

تلفاكس: 43 36 80 1 961+

بريد إلكتروني: info@alzaytouna.net

الموقع: www.alzaytouna.net

تصميم الغلاف

مروة غلاييني

طباعة

Golden Vision sarl +961 1 820434

فهرس المحتويات

المقدمة

تنقسم السلطة في أنظمة الحكم ذات السيادة إلى ثلاثة أنواع هي، التشريعية والتنفيذية والقضائية. ويُناط بالسلطة التشريعية في هذا الإطار عدد من المهام أبرزها: اقتراح القوانين، ومناقشة السياسات، ومحاسبة الحكومات. غير أن السلطة الفلسطينية بوصفها "حكماً ذاتياً محدوداً" تعايش ظروفاً يُعدّ فيها الاحتلال الإسرائيلي السلطة الفعلية الأولى على الأرض، ومن هنا تبقى السلطة الفلسطينية كياناً منقوص السيادة.

وعلى الرغم من ذلك فإن تناول تجربة المجلس التشريعي الفلسطيني مسألة لها عدد من المبررات، أولها كونها جزءاً من التجربة الفلسطينية تجسد محاولة الانتقال من "الثورة" إلى "طريق الدولة"، ومن ثم كونها تجربة يمكن الاستفادة من سلبياتها وإيجابياتها مستقبلاً في حال قيام الدولة الفلسطينية ذات السيادة.

وانطلاقاً من أهمية الموضوع اختار قسم المعلومات والأرشيف في مركز الزيتونة للدراسات والاستشارات أن يتناول في التقرير الرابع عشر من سلسلة تقارير المعلومات التجربة التشريعية الفلسطينية ممثلةً بالمجلس التشريعي الفلسطيني. ويسلط هذا التقرير الضوء على تأسيس السلطة الفلسطينية في الضفة الغربية وقطاع غزة، وهيكلية ونظام ومهام المجلس التشريعي الفلسطيني حسب القانون الأساسي الفلسطيني، كما يعرض لإشكالية العلاقة والدور بين المجلس ومؤسسات منظمة التحرير الفلسطينية ذات العلاقة. ومن ثم يتناول التقرير واقع تجربة المجلس التشريعي الأولى 1996-2006، كما يعرض لتجربة المجلس التشريعي الثاني التي بدأت في سنة 2006، حين حازت حركة حماس على أغلبية مقاعد المجلس. ومن ثم يتناول الدور الإسرائيلي في تعطيل دور المجلس التشريعي واعتقالها لعشرات النواب المحسوبين على حماس، وعلى رأسهم رئيس المجلس التشريعي المنتخب عزيز دويك. ثم ينتقل للحديث عن أثر المراسيم الرئاسية وواقع الانقسام الفلسطيني إثر سيطرة حماس على قطاع غزة في منتصف سنة 2007، على دور وفاعلية المجلس، وأخيراً يتناول ملف الانتخابات في ضوء حوارات المصالحة الفلسطينية.

أولاً: تأسيس السلطة في الضفة الغربية وقطاع غزة

1. بناء مؤسسات السلطة الفلسطينية:

تكونت السلطة الوطنية الفلسطينية، بموجب اتفاق أوسلو الذي وقعته "إسرائيل" ومنظمة التحرير الفلسطينية سنة 1993، لتكون أداة مؤقتة للحكم الذاتي للفلسطينيين القاطنين في الضفة الغربية وقطاع غزة[1]. وفي 1993/10/12 صدر قرار المجلس المركزي الفلسطيني بتشكل السلطة الوطنية خلال دورة انعقاده في تونس؛ وجاء في القرار:

> **أولاً:** تكلف اللجنة التنفيذية لمنظمة التحرير الفلسطينية بتشكيل مجلس السلطة الوطنية الفلسطينية في المرحلة الانتقالية من عدد من أعضاء اللجنة التنفيذية، وعدد من شخصيات الداخل والخارج.
>
> **ثانياً:** يكون ياسر عرفات رئيس اللجنة التنفيذية لمنظمة التحرير الفلسطينية، رئيساً لمجلس السلطة الوطنية الفلسطينية[2].

أجرى الفلسطينيون انتخاباتهم العامة الأولى في 1996/1/20، وأصبحت المؤسسة التشريعية الفلسطينية تُعرف بالمجلس التشريعي الفلسطيني، فيما أصبحت السلطة التنفيذية تُعرف بمجلس الوزراء أو الحكومة. وهكذا، شكل المجلس التشريعي، ورئاسة السلطة، والمجلس الوزاري، والسلطة القضائية، والوزارات والمؤسسات العاملة الأخرى، السلطة الفلسطينية.

وحددت الاتفاقيات التي وقعت مع "إسرائيل"، ابتداءً باتفاق القاهرة في أيار/ مايو 1994، البنية والصلاحيات الأولية للسلطة الفلسطينية، بالإضافة إلى مجالات المسؤولية الوظيفية التي كان سيتم نقلها على الفور إلى هذه السلطة من قبل الحكم العسكري الإسرائيلي في الضفة الغربية وقطاع غزة. أما اتفاقية طابا والتي يطلق عليها اسم أوسلو2، المبرمة بين منظمة التحرير و"إسرائيل"، والموقعة في واشنطن في

1995/9/28، فقد دعت لإقامة "مجلس فلسطيني" يتولى المسؤوليات التي سبق أن تم نقلها إلى السلطة الفلسطينية، إضافة إلى مسؤوليات جديدة يتم نقلها من الحكم العسكري إليها[3].

وفي تقييم عام لاتفاقات أوسلو التي أنتجت السلطة الفلسطينية ومؤسساتها، نورد فيما يلي اقتباساً من كتاب، للمفكر الفلسطيني إدوارد سعيد يقيم فيه هذه الاتفاقيات، وهو تقييم يتفق عليه معظم المتابعين لمسيرة التسوية بعد 17 عاماً من بدئها[4]:

ولا شك عندي أن الشكل الوحيد للسلام بين إسرائيل وفلسطين يجب أن يقوم على التكافؤ، إذ لا يمكن لإسرائيل أن تحصل على ميزات مثل السيادة والأمن والتواصل الأرضي والاستقلال السياسي الحقيقي وتقرير المصير الوطني، فيما لا يحصل الفلسطينيون على أي شيء من ذلك. فالسلام يكون بين الأنداد، وهذا بالضبط ما ينقص عملية أوسلو للسلام. وكل ما على المرء أن يفعله ليتحقق من ذلك هو أن ينظر إلى النصوص ذاتها، بدءاً برسائل "الاعتراف" المتبادل المفترضة، حيث نجد أن منظمة التحرير الفلسطينية اعترفت بحق إسرائيل في الوجود –وهي صيغة لم تعرف من قبل في القانون الدولي أو العرفي– وتخلت عن العنف، وتعهدت عموماً بـ"حسن السلوك"، فيما اكتفت إسرائيل بالاعتراف بمنظمة التحرير ممثّلة للشعب الفلسطيني، وهو شكل محدود تماماً من الاعتراف. إضافة إلى ذلك فإننا لا نجد في مئات الصفحات من النصوص التي تبعت ذلك أي إشارة إلى أن الفلسطينيين سيحصلون على السيادة أو أن إسرائيل ستسحب في شكل كامل قوات الاحتلال والمستوطنات. والواقع، كما أكرر منذ شهور طويلة، أن اتفاقات أوسلو صممت لضمان خضوع الفلسطينيين وتبعيتهم على المدى المنظور.

أ. السلطة التنفيذية:

تتألف السلطة التنفيذية من مؤسسة الرئاسة والأجهزة التابعة لها، ومن الحكومة، حيث كان ياسر عرفات، رئيس السلطة الفلسطينية، قبل استحداث منصب رئيس الوزراء يقوم بأعمال رئيس الحكومة ويرأس الاجتماعات الوزارية[5]. واشترطت خريطة الطريق، التي تبنتها أمريكا وباقي أعضاء الرباعية الدولية في نيسان/ أبريل 2003، على الجانب الفلسطيني ضرورة إحداث تغيير في القيادة الفلسطينية، واستحداث منصب رئيس الوزراء؛ لكي يتمكن من تنفيذ الالتزامات الأمنية المطلوبة من السلطة بموجب الخريطة ذاتها[6]. عندها أُجبر عرفات، على إدخال تعديلات على بنية النظام السياسي الفلسطيني، كان من بينها استحداث منصب رئيس للوزراء، والتخلي عن بعض صلاحياته، واختير آنذاك محمود عباس رئيساً للوزراء. ويُعدّ مجلس الوزراء الأداة التنفيذية في السلطة الفلسطينية لما يتخذ من قرارات، وما يتم التوصل إليه من اتفاقات، وتختص بتسيير أمور الحكم الذاتي في مناطق السلطة. كما تضم السلطة العديد من الأجهزة الأمنية، من أهمها قوات أمن الرئاسة التابعة لرئيس السلطة، وقوات الأمن الوقائي والعديد من الأجهزة الأمنية والاستخباراتية الأخرى[7].

ب. السلطة التشريعية:

يُعدّ المجلس التشريعي بمثابة الهيئة التشريعية أو البرلمان في الدول المستقلة ذات السيادة. ويمارس المجلس مهامه التي أوكلها إليه القانون الأساسي الفلسطيني، خاصة في مجال الرقابة على أعمال الحكومة ومؤسساتها الرسمية؛ حيث يقوم بمنح الثقة وحجبها، ويشارك في وضع السياسة العامة للسلطة ومراجعة الخطط والاتفاقيات وإقرارها. ويُفترض أن يلعب المجلس، دوراً سياسياً من قبيل: بحث الوضع السياسي بصورة عامة، والدفاع عن حقوق الشعب الفلسطيني، ودعم جهود السلطة التنفيذية والمفاوض الفلسطيني، وإطلاق سراح الأسرى من السجون الإسرائيلية[8].

وتتركز مهام المجلس التشريعي على:

1. بناء وتوحيد النظام القانوني في فلسطين، على طريق إرساء سلطة وسيادة القانون.

2. التأكيد على مبدأ الفصل بين السلطات واحترام سيادة القانون، ومساءلة الوزراء والمسؤولين، ومراقبة أداء السلطة التنفيذية.

3. تعزيز الديمقراطية وبناء قواعدها، بهدف تكريس التقاليد البرلمانية في المجتمع الفلسطيني، وإشراك قطاعات أوسع من الشعب الفلسطيني في القرار.

4. حشد أوسع دعم عربي ودولي للمواقف السياسية الفلسطينية والأهداف الوطنية، وفي مقدمتها إنهاء الاحتلال وحق العودة وإقامة الدولة الفلسطينية المستقلة.

5. بذل الجهود على المستوى الداخلي وعلى صعيد عملية السلام والمفاوضات، عبر اللجان السياسية المتخصصة التابعة له[9].

التصويت على الثقة[10]:

• بعد اختيار رئيس السلطة الوطنية أعضاء مجلس الوزراء، يتم تقديمهم في أول جلسة يعقدها المجلس للتصويت على الثقة بهم، وذلك بعد الاستماع والانتهاء من مناقشة البيان الوزاري الذي يحدد برنامج وسياسة الحكومة.

• في حال قيام الأغلبية المطلقة للمجلس بحجب الثقة عن أعضاء مجلس الوزراء، أو عن واحد أو أكثر منهم، يقدم رئيس السلطة الوطنية بديلاً في الجلسة التالية، على أن لا يتجاوز موعدها أسبوعين من تاريخ الجلسة الأولى.

• عند إجراء تعديل وزاري أو إضافة أحد الوزراء أو ملء الشاغر لأي سبب كان، يتم تقديم الوزراء الجدد للمجلس في أول جلسة يعقدها للتصويت على الثقة بهم.

• لا يجوز لأي من الوزراء ممارسة أية مهام إلا بعد الحصول على الثقة به من المجلس.

9

ج. السلطة القضائية:

ورثت السلطة الفلسطينية لدى تأسيسها نظاماً قضائياً منهاراً في الضفة الغربية وقطاع غزة؛ ذلك أن البنى القانونية الفلسطينية التي عملت قبل سنة 1967 تدهورت خلال الاحتلال الإسرائيلي الطويل إلى درجة أن النظام القضائي فقد الرأس والروح. وكان قيام السلطة سبباً لدخول نظام محاكم جديد يرتكز على نظام القضاء الثوري لمنظمة التحرير لسنة 1979، مما جعل عدد نظم المحاكم العاملة في الضفة الغربية وقطاع غزة يصل إلى خمسة، نظامين منفصلين للمحاكم المدنية والجنائية على مستوى القضاء والمنطقة والاستئناف في الضفة الغربية وقطاع غزة، ومحاكم الشريعة الإسلامية، والمحاكم العسكرية الفلسطينية، ومحاكم أمن الدولة؛ فضلاً عن محاكم الأمن الإسرائيلية[11]. وقد تأسس مجلس للقضاء الأعلى بموجب القرار الصادر عن رئيس السلطة الفلسطينية في حزيران/ يونيو 2000[12].

2. المؤسسة التشريعية في القانون الأساسي الفلسطيني:

نص القانون الأساسي الفلسطيني قبل تعديله في سنة 2003، في المادة 34 منه، على أن المجلس التشريعي الفلسطيني هو السلطة التشريعية المنتخبة، وبما لا يتعارض مع أحكام هذا القانون يتولى مهامه التشريعية والرقابية على الوجه المبين في نظامه الداخلي، حيث تكون مدة هذا المجلس هي المرحلة الانتقالية. وبحسب المادة 35، يتألف المجلس التشريعي من 88 عضواً منتخباً وفقاً للقانون[13]، بينما حدد القانون الأساسي المعدل في 2003/3/18، في المادة 47 منه، على أن مدة المجلس التشريعي أربع سنوات تبدأ من تاريخ انتخابه على أن تجري الانتخابات مرة كل أربع سنوات[14].

ومنحت "الاتفاقية المرحلية" سنة 1995 المجلس التشريعي صلاحية إصدار تشريعات أولية تتعلق بكل المجالات والمسؤوليات، يُستثنى منها تلك التي لم تنقل إلى السلطة الفلسطينية. وحظرت الاتفاقية على المجلس التشريعي إصدار تشريعات لا تتفق مع بنود الاتفاقيات الفلسطينية – الإسرائيلية المختلفة أو تلغي القوانين والأوامر العسكرية السارية المفعول[15].

أ. تشكيل المجلس التشريعي الفلسطيني:

1. هيئة مكتب الرئاسة:

تتكون هيئة المكتب من رئيس ونائبين للرئيس وأمين للسر. ويمثل الرئيس المجلس، ويتكلم باسمه، ويحافظ على نظامه، كما يفتتح جلسات المجلس ويُعلن عن انتهائها، وله صلاحية ضبط وإدارة المناقشات الدائرة في المجلس، وله أن يحدد موضوع البحث، وللرئيس الحق في أن يشترك في مناقشات المجلس، وفي هذه الحالة عليه أن يتخلى عن كرسي الرئاسة، ولا يعود إليه إلا بعد أن تنتهي المناقشة التي شارك فيها. أما النائب الأول، فيتولى مهمة رئاسة المجلس في حال غياب الرئيس أو اشتراكه في مناقشات المجلس. بينما يتولى النائب الثاني رئاسة المجلس في حالة غياب الرئيس ونائبه أو اشتراكهما في المناقشات. ويقوم أمين السر بالإشراف على الشؤون الداخلية في المجلس[16].

2. الأمانة العامة للمجلس:

تعين هيئة مكتب رئاسة المجلس، أمانة عامة يرأسها أمين سر المجلس، تقوم بالإشراف على جميع الشؤون الإدارية والمالية والقانونية والإعلامية والعلاقات العامة والبروتوكول، ويُناط بها مهام تنفيذ قرارات المجلس والقيام بتبليغها للجهات المعنية، كما تتولى ضبط وحفظ الوثائق التي تتعلق بجلسات المجلس واجتماعاته[17].

ب. الانتخابات الداخلية:

تجري العادة أن يقوم المجلس التشريعي بانتخاب مكتب هيئة الرئاسة في الجلسة الأولى من بداية كل دورة برلمانية، وتتم عملية انتخاب مكتب هيئة الرئاسة بالاقتراع السري، يتبعها انتخاب رئيس المجلس، ثم النائب الأول للرئيس، فالنائب الثاني، ثم أمين سر المجلس[18].

11

ج. آلية عمل المجلس:

- يعقد المجلس دورة سنوية تُقسم إلى فترتين، مدة كل منها أربعة أشهر، حيث تبدأ الفترة الأولى في الأسبوع الأول من شهر آذار/ مارس، والثانية في الأسبوع الأول من شهر أيلول/ سبتمبر. وقد يدعو رئيس المجلس إلى جلسة استثنائية بناءً على طلب مجلس الوزراء أو ربع عدد أعضاء المجلس. ويتم في بداية كل دورة جديدة إعادة انتخاب مكتب رئاسة المجلس.

- تنعقد جلسات المجلس بصورة علنية مرتين في الشهر، كما يتم عقد جلسات سرية في حالات خاصة بناء على طلب من رئيس السلطة الوطنية الفلسطينية، أو رئيس المجلس بموافقة ثلث الأعضاء. ويتحقق النصاب القانوني بحضور غالبية الأعضاء، وتتخذ القرارات بأغلبية أصوات الحاضرين. هذا، ويعقد المجلس جلساته في مقريه في كل من رام الله وغزة[19]. وقبل الشروع بالأعمال يقسم العضو اليمين التالي أمام المجلس [20]:

"أقسم بالله العظيم أن أكون مخلصاً للوطن، وأن أحافظ على حقوق ومصالح الشعب والأمة وأن أحترم القانون الأساسي، وأن أقوم بواجباتي حق القيام، والله على ما أقول شهيد".

د. الكتل البرلمانية:

- يجوز لعدد من الأعضاء تجمعهم أهداف أو مصالح مشتركة، التجمع أو الانتظام في كتلة برلمانية، شريطة ألا يقل عددهم عن نسبة 5% من مجموع عدد أعضاء المجلس.

- لا يجوز للعضو أن ينتمي لأكثر من كتلة برلمانية واحدة.

- يجوز لكل كتلة برلمانية أن تضع لائحة لتنظيم عملها، بما لا يتعارض مع أحكام القانون.

- لا يجوز الجمع بين منصب الوزير أو أي منصب حكومي آخر وعضوية هيئة المكتب [21].

12

هـ. الاستقالة من هيئة المكتب:

• يجوز لرئيس المجلس أو أي من نائبيه أو أمين السر، تقديم استقالته من عضوية هيئة المكتب.

• يقدم طلب الاستقالة مكتوباً إلى هيئة المكتب.

• على هيئة المكتب عرض طلب الاستقالة على المجلس في أول جلسة بعقدها، على أن لا تتجاوز أسبوعين من تاريخ تقديم الاستقالة.

• يجوز سحب طلب الاستقالة قبل عرضه على المجلس.

• في حالة شغور عضوية هيئة المكتب لأي سبب من الأسباب يجري اختيار البديل وفقاً لأحكام هذا النظام[22].

3. علاقة منظمة التحرير الفلسطينية ومؤسساتها التشريعية بالمجلس التشريعي الفلسطيني:

كلف مؤتمر القمة العربية الأول في سنة 1963 أحمد الشقيري بمنصب مندوب فلسطين في جامعة الدول العربية، وبعد ذلك قام الشقيري بدعوة المؤتمر الوطني الفلسطيني في القدس، في الفترة 5/28-1964/6/2، بهدف إنشاء منظمة التحرير الفلسطينية، لتكون الممثل الشرعي لنضال الشعب الفلسطيني[23].

وفي إثر إنشاء مؤسسات السلطة الفلسطينية في الضفة الغربية وقطاع غزة سنة 1994، ومن ضمنها المجلس التشريعي، برز على السطح إشكالية العلاقة بين منظمة التحرير ممثلةً بمؤسساتها التشريعية، كالمجلس الوطني، والمجلس المركزي، وبين المجلس التشريعي الفلسطيني. وعلى الرغم من أن منظمة التحرير تعدّ حاضنة السلطة الفلسطينية، إلا أن الضعف التمثيلي الذي لحق بمؤسسات المنظمة بعد جملة من الانتكاسات السياسية، خصوصاً بعد مؤتمر مدريد للسلام، واتفاقية أوسلو وتداعياتها؛ فضلاً عن بروز تنظيمات جديدة لها تمثيلها الشعبي ودورها في الساحة الفلسطينية، دون أن يكون لها تمثيل في المنظمة كحركة حماس والجهاد الإسلامي، كل هذا جعل دور المنظمة هامشياً، وأثر كثيراً على شرعيتها في الساحة الفلسطينية.

13

أ. المجلس الوطني الفلسطيني:

يُعدّ المجلس الوطني الفلسطيني الهيئة التشريعية لمنظمة التحرير، وهو بحسب نص المادة 7-أ من النظام الأساسي للمنظمة السلطة العليا للمنظمة، والمنوط به وضع سياستها ومخططاتها. كما يدخل في اختصاص المجلس كافة المسائل الدستورية، والقانونية، والعامة، المرتبطة بالقضايا المصيرية للشعب الفلسطيني؛ ويُمثّل المجلس الوطني المنظمة في عدة محافل دولية واتحادات برلمانية[24].

في اجتماع القدس الذي شهد تأسيس منظمة التحرير الفلسطينية، شكل المؤتمر الفلسطيني الأول بكامل أعضائه، والذي شارك فيه 422 عضواً، رغم أن الدعوة وجهت لـ 397 شخصاً، المجلس الوطني للمنظمة أي سلطتها التشريعية[25]. وبات المؤتمر بمثابة الدورة الأولى للمجلس الوطني الفلسطيني.

تنص أبرز مواد نظام الانتخابات للمجلس الوطني على أن من حق كل فلسطيني، أتم الـ 18 من عمره، ويتمتع بكامل قواه العقلية، وغير محكوم بأي جناية، أو تهمة تمس الشرف الوطني، أينما تواجد، وحيثما أمكنه المشاركة في اختيار أعضاء المجلس الوطني. أما المرشح لعضوية المجلس فيجب أن يكون قد أتم الـ 25 من عمره، وأن يكون غير محكوم بجناية، أو جنحة أخلاقية، وأن لا يكون موظفاً في المنظمة، وأن يكون عضواً عاملاً في التنظيم الشعبي[26].

أما بالنسبة لعدد أعضاء المجلس الوطني، فليس هناك من رقم رسمي يُستند إليه، إلا أن هناك شبه إجماع أن العدد تجاوز الـ 700 عضو. ففي حين أن هناك إشارات من مصادر مسؤولي المجلس تفيد بأن العدد هو 787 عضواً، فإن تصريحاً لرئيس المجلس سليم الزعنون في افتتاح أعمال المجلس التشريعي في 2006/2/16 ذكر فيه أن العدد هو 783 عضواً[27].

وفي سنة 1995 صدر قانون سيادي عن الرئيس الراحل ياسر عرفات، اعتبر فيه أن المجلس التشريعي الفلسطيني هو جزء من المجلس الوطني، وبالتالي ازداد عدد أعضاء

المجلس الوطني، إذ بات العدد بعد الانتخابات التشريعية التي جرت سنة 2006، مضافاً إليه مجموع أعضاء المجلس التشريعي المنتخبين حينها، والبالغ عددهم 132 عضواً[28].

ب. المجلس المركزي الفلسطيني:

المجلس المركزي الفلسطيني هو هيئة دائمة منبثقة عن المجلس الوطني الفلسطيني، ومسؤول أمامه، ويشكل من بين أعضائه.

ينعقد المجلس المركزي مرة كل شهرين، ويقدم تقريراً عن أعماله إلى المجلس الوطني عند انعقاد الأخير، وتتخذ قراراته بأكثرية أصوات الحاضرين.

أما بالنسبة لظروف تشكيل المجلس المركزي، فقد تقرر في الدورة الـ 11 للمجلس الوطني الفلسطيني سنة 1973، تشكيل مجلس مركزي لمنظمة التحرير الفلسطينية، لمعاونة اللجنة التنفيذية في تنفيذ قرارات المجلس الوطني، وإصدار التوجيهات المتعلقة بتطورات القضية الفلسطينية بين دورتي المجلس. وكان عند تأسيسه يتألف من 38 عضواً، ستة منهم مراقبين، في حين بلغ عدد الأعضاء في الدورة التي عقدت يومي 15-2009/12/16، 126 عضواً[29]. بحيث أن الأعضاء هم من أعضاء اللجنة التنفيذية لمنظمة التحرير، وعدد من أعضاء المجلس الوطني يساوي على الأقل ضعفي عدد اللجنة التنفيذية، وهو ما يعني أن شرعية أعضاء المجلس المركزي مستمدة من شرعية العضوية في اللجنة التنفيذية لمنظمة التحرير، والعضوية في المجلس الوطني الفلسطيني[30].

ومن مهام المجلس المركزي تشكيل لجان دائمة من بين أعضاء المجلس الوطني، والبت في الأمور والقضايا العاجلة والطارئة، بما لا يتعارض وأحكام الميثاق الوطني الفلسطيني. كما يحق للمجلس تجميد أو تعليق عضوية أي عضو أو تنظيم، واتخاذ أي عقوبة بشأنه، على أن يعرض الأمر على المجلس الوطني في أول دورة لانعقاده[31].

بدأ الجدل حول إشكالية العلاقة بين مؤسسات المنظمة ومؤسسات السلطة منذ إنشاء السلطة في أعقاب اتفاقيات أوسلو سنة 1993، ومازال الجدل مستمراً. وبدا أن دور منظمة التحرير، بعد قيام السلطة الفلسطينية، لم يتجاوز دور "العصا السياسية الغليظة" التي تستخدم في الخصومات السياسية، والتنافس على الصلاحيات. فقد استخدمها الرئيس الراحل ياسر عرفات في مواجهة الضغوط التي تعرض لها، على خلفية ضرورة تعيين محمود عباس رئيساً للوزراء، فأجبر عباس على حلف اليمين أمام أعضاء اللجنة التنفيذية، على اعتبار منظمة التحرير هي المرجعية الرئيسية لسلطة الحكم الذاتي. كما استخدمت منظمة التحرير من قبل محمود عباس في صراعه مع حركة حماس[32]، بعد فوز الأخيرة بأغلبية مقاعد المجلس التشريعي في انتخابات سنة 2006، وتشكيل الحكومة الفلسطينية ورئاستها. إذ استنجد بمؤسسات المنظمة كمرجعية بعد طول تهميش خلال السنوات التي سبقت ذلك، وكانت فيها حركة فتح تتفرد بمؤسسات السلطة.

عموماً، لعبت مؤسسات منظمة التحرير دوراً كبيراً في مرحلة الثورة، ولم تخضع مؤسساتها إلى التجديد، أو إعادة انتخاب أعضائها منذ فترة طويلة. ومسألة إعادة تجديدها وبنائها، موضوع مطروح على أجندة الحوار الوطني الفلسطيني. غير أن تعثر الحوار، وانسداد أفق المصالحة يلعب الدور الأبرز في تأزم الوضع الفلسطيني عموماً وتبعثر الجهود، ومن ضمنها العلاقة بين مؤسسات المنظمة والمجلس التشريعي الفلسطيني.

4. قانون الانتخابات الفلسطيني:

نصت المادة الثالثة من وثيقة إعلان المبادئ بشأن الحكم الذاتي المؤقت (أوسلو 1) لسنة 1993 على أنه "من أجل أن يتمكن الشعب الفلسطيني في الضفة الغربية وقطاع غزة من حكم نفسه وفقاً لمبادئ ديموقراطية، ستجري انتخابات سياسية عامة ومباشرة وحرة للمجلس الفلسطيني... هذه الانتخابات ستشكل خطوة تمهيدية انتقالية هامة

نحو تحقيق الحقوق المشروعة للشعب الفلسطيني ومتطلباته العادلة"[33]. وتقوم لجنة الانتخابات المركزية الفلسطينية، التي تعتمد قانون الانتخابات الفلسطيني والمعايير الدولية كأساس لنظامها الداخلي، بالتحضير للانتخابات والإشراف عليها، حيث تنبع استقلالية لجنة الانتخابات المركزية من قانون الانتخابات الذي ينصّ على أنها هيئة ذات شخصيّة اعتبارية تتمتّع باستقلال مالي وإداري[34].

جرت الانتخابات التشريعية سنة 1996 على أساس نظام الأغلبية البسيطة، فقد تبنى قانون رقم 13 لسنة 1995 بشأن الانتخابات هذا النظام الذي يعدّ أحد أوجه نظام الأغلبية التعددية (الأغلبية البسيطة، الأغلبية المطلقة). وبموجب هذا القانون، تم تقسيم الضفة الغربية وقطاع غزة إلى 16 دائرة انتخابية. ويتيح نظام الأغلبية للناخب الحق في التصويت لعدد من المرشحين يساوي عدد المقاعد النيابية المخصصة لدائرته الانتخابية، حيث يُسمح له بالتصويت لأي مرشح يراه مناسباً، ويفوز المرشحون الذين يحصلون على أعلى الأصوات بالمقاعد النيابية المخصصة لكل دائرة انتخابية، وعلى هذا لا يعطي هذا النظام أهمية كبيرة لعدد الأصوات التي يحصل عليها المرشح الفائز سواء كانت كثيرة أم ضئيلة[35].

وفيما يتعلق بالانتخابات في القدس، فقد تم تقسيم دائرة القدس الانتخابية إلى منطقتين: شرقي القدس، وضواحي القدس. وجاء في بنود المادة 6 من الملحق الثاني من "اتفاقية المرحلة الانتقالية" لسنة 1995، أنه يتمّ الاقتراع في شرقي القدس في مكاتب بريد تتبع سلطة البريد الإسرائيلية، وعددها خمسة مكاتب (تضم 11 محطة اقتراع)، وعلى باقي المقدسيين في شرقي القدس الاقتراع في مراكز اقتراع تقام في منطقة ضواحي القدس[36].

وفي 1999/5/4 انتهت ولاية المجلس التشريعي، وتم تمديد هذه الفترة نتيجة لتمديد المرحلة الانتقالية، حسب اتفاقات منظمة التحرير الفلسطينية إلى أيلول/ سبتمبر 2000[37].

وأقر المجلس التشريعي الفلسطيني في 2005/6/18 قانون الانتخابات العامة الجديد، الذي اشتمل على أحكام جديدة، منها زيادة عدد مقاعد المجلس التشريعي من 88 إلى 132 مقعداً، وتبني النظام الانتخابي المختلط؛ حيث جرى توزيع المقاعد مناصفة بين نظام الأغلبية (الدوائر) ونظام التمثيل النسبي (القوائم)، فضلاً عن ضمان الحد الأدنى لتمثيل المرأة في القوائم الانتخابية[38].

ثانياً: المجلس التشريعي الفلسطيني (1996-2006)

1. الانتخابات وتشكيلة المجلس:

عقدت أول انتخابات فلسطينية عامة في 1996/1/20، وتوجه الشعب الفلسطيني في الضفة الغربية وقطاع غزة والقدس المحتلة لأول مرة إلى صناديق الاقتراع للإدلاء بأصواتهم لاختيار رئيس للسلطة الوطنية الفلسطينية واختيار ممثليهم في المجلس التشريعي الفلسطيني[39].

وقاطعت كل من حركة حماس، وحركة الجهاد الإسلامي، والجبهة الشعبية لتحرير فلسطين، والجبهة الديمقراطية، وحزب التحرير هذه الانتخابات لأسباب مختلفة أبرزها؛ الموقف من اتفاقات أوسلو، وانعكاسات نصوصه على دور المجلس، وصلاحياته، وتأثيره في مستقبل العمل الوطني الفلسطيني. وكان موقف حركة الجهاد الإسلامي أكثر وضوحاً من قضية المشاركة في الانتخابات بين مختلف فصائل المعارضة، إذ اتخذت قرارها بمقاطعة الانتخابات ترشيحاً وتصويتاً منذ اللحظة الأولى وذهبت إلى حد تحريم المشاركة[40].

توجه ما يزيد عن مليون وثلاثة عشر ألف فلسطيني للإدلاء بأصواتهم لاختيار 88 مرشحاً للمجلس التشريعي الفلسطيني من بين 676 مرشحاً بينهم 22 امرأة. رشحت حركة فتح 77 مرشحاً، وحزب الشعب 27 مرشحاً، أما فدا فقد رشح 11 مرشحاً، والتكتل الوطني الديمقراطي خمسة مرشحين، وترشح ما يزيد عن 500 مرشح مستقل[41].

وبلغت نسبة المقترعين في هذه الانتخابات ممن يحق لهم التصويت من فلسطينيي الضفة الغربية والقدس وقطاع غزة 79.92%، وحصلت حركة فتح على 50 مقعداً، بينما حصل المستقلون على 36 مقعداً، فيما حصل كل من التحالف الوطني الديمقراطي، والحزب الديمقراطي فدا على مقعد واحد لكل منهما[42].

وشاركت فتح في الانتخابات بقوائم رسمية، ولكن عدداً من كوادر الحركة رشح نفسه من خارج تلك القوائم لاعتبارات مختلفة، أبرزها عدم موافقتهم على القائمة الرسمية، وشعورهم أنهم أحق بتمثيل فتح من أولئك الذين تم اختيارهم رسمياً. وفاز من الذين ترشحوا من خارج قوائم فتح الرسمية 21 مرشحاً، أي ما نسبته 31% من أعضاء الحركة في المجلس التشريعي[43]، وهو ما عكس حالة من عدم الانضباط التنظيمي في فتح، كما عكس في المقابل عدم شعبية العديدين ممن اختيروا في القوائم الرسمية.

جدول رقم (1): التوزيع النهائي لمقاعد المجلس التشريعي الفلسطيني الأول 1996[44]

الحزب/القائمة الانتخابية	عدد المقاعد الفائز/ة بها
فتح (القوائم الرسمية)	50
مستقلون	36 (21 من فتح ترشحوا خارج القوائم الرسمية للحركة)
التحالف الوطني الديمقراطي	1
فدا	1
الإجمالي	88

شكل رقم (1): التوزيع النهائي لمقاعد المجلس التشريعي الفلسطيني الأول 1996

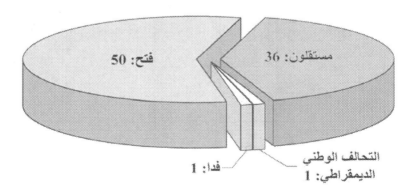

فتح: 50 — مستقلون: 36 — التحالف الوطني الديمقراطي: 1 — فدا: 1

إن حصول حركة فتح على هذه الأغلبية الكبيرة وإعطاءها صيغة الحزب المسيطر على المجلس التشريعي، في مجتمع تسوده تعارضات سياسية، ويعيش حالة التعدد السياسي منذ بداية القرن العشرين، يحيلاننا إلى فهم الحيثيات المنتجة لهذه الصيغة. فقد خاضت فتح الانتخابات في ظل غياب منافسة سياسية من قوى المعارضة بشقها العلماني: الجبهة الشعبية والديمقراطية، وشقها الإسلامي: حماس والجهاد. بالإضافة إلى أن القوى السياسية التي لا تقف في صف المعارضة والتي أبدت استعداداً في شغل مواقع في السلطة (فدا، حزب الشعب، جبهة النضال الشعبي) لم تخض الانتخابات بقوائم موحدة، فضلاً عن أن العلمانيين المستقلين والإسلاميين المستقلين لم يشكلوا قوائم انتخابية[45].

وقد انتخب في الدورة الأولى لرئاسة المجلس أحمد قريع، وأعيد انتخابه في الدورات الأربع اللاحقة، وانتخب ناهض الريس في الدورتين الأولى والثانية لمنصب النائب الأول للرئيس، وانتخب إبراهيم أبو النجا لهذا المنصب في الدورات الثالثة والرابعة والخامسة، وفاز متري أبو عيطة بمنصب النائب الثاني لرئيس المجلس في الدورات الثلاث الأولى. وفي نهاية الفترة الأولى من الدورة الثالثة انتخب غازي حنانيا لهذا المنصب وأعيد انتخابه في الدورة الرابعة والخامسة نائباً ثانياً للرئيس، أما منصب أمين السر فقد فاز به في الدورات الخمس روحي فتوح[46].

وفي الدورة السادسة والسابعة تم انتخاب أحمد قريع رئيساً للمجلس، وإبراهيم أبو النجا نائباً أول لرئيس المجلس، وغازي حنانيا نائباً ثانياً، وروحي فتوح أميناً للسر حتى نهاية الفترة الأولى من الدورة الثامنة؛ حيث انتخب رفيق النتشة رئيساً للمجلس، واستمر كل من إبراهيم أبو النجا وغازي حنانيا في منصبيهما، أما أمانة السر فانتقلت إلى أحمد نصر، وفي الدورة التاسعة انتخب روحي فتوح رئيساً للمجلس، وحسن خريشة في منصب النائب الأول، وغازي حنانيا في منصب النائب الثاني، وبقي أحمد نصر في أمانة السر[47]. وفي 2005/3/7 تم التمديد لروحي فتوح لمدة شهرين في افتتاح الدورة العاشرة للمجلس[48].

2. الدور الرقابي وتقييم أداء المجلس التشريعي الفلسطيني (1996-2006):

تعد وظيفة الرقابة التي تتمتع بها المجالس النيابية من أهم الوظائف إلى جانب الوظيفة التشريعية، لذا خوّل المجلس التشريعي الفلسطيني عدداً من الوسائل الرقابية، بهدف القيام بمهمة الرقابة، وفيما يلي أهم الوسائل الرقابية، التي التزم بها المجلس والتي يتبين من خلالها أداء المجلس التشريعي الفلسطيني في تلك الفترة[49].

أ. الوسائل العادية للرقابة:

وهي سلطة المراقبة التي تجريها المجالس النيابية دون أن تكون لها نتيجة سياسية مباشرة، أي لا يترتب عليها جزاء يسلط على الحكومة أو أحد أعضائها، فهي تقتصر على التأكد من أن القوانين تم تطبيقها بشكل سليم، وأن المؤسسات العمومية تقوم بالدور المناط بها[50]. ومن هذه الوسائل:

1. **الرقابة عن طريق اللجان الدائمة:** وهي أهم مصدر لإعلام المجلس، حيث تمثل همزة الوصل بين الحكومة والمجلس التشريعي، إذ يمكن أن تطلب أي لجنة من الوزير المعني أو المسؤول المعني المثول أمامها لتقديم عرض بخصوص موضوع من الموضوعات التي تدخل في نطاق اختصاصاته، وقد عهد المجلس للجان الدائمة مهمة تقصي الحقائق في ثلاث قضايا هي:

• **قضية الشركات الاحتكارية:** أخذت بعض الشركات التجارية تحتكر بعض السلع الأساسية (النفط، والأسمنت،... إلخ) دون مسوغ قانوني، بالإضافة إلى مشاركة شخصيات نافذة في السلطة (في مناصب حكومية عليا)، دون وضوح الصفة القانونية لشراكة هذه الشخصيات.

• **قضية الطحين الفاسد:** قامت وزارتا المالية والتموين باستيراد خمسة آلاف طن من الطحين مخصصة للضفة الغربية وتم تخزينه في مستودعات غير صالحة

للتخزين، فأدى ذلك إلى فساده. وبذلك قامت وزارة التموين بدور التاجر والمخزن للطحين المستورد، متجاوزة بذلك دورها القانوني المتمثل بالإشراف على عمليات الاستيراد والتصدير ومراقبة الاحتياط الاستراتيجي من الطحين.

- **قضية الكسارات:** تفجرت المشكلة عند القيام بإنشاء كسارات في محافظة قلقيلية بالقرب من قريتي جيوس وكفر جمال باستثمار فلسطيني – إسرائيلي (خاص)، وقد قدمت الشكوى من سكان القريتين خصوصاً أنهم يعانون من الآثار البيئية السيئة للكسارات المقامة أصلاً بالقرب منهما[51].

2. **الرقابة باستعمال الاستجواب:** من خلال الاطلاع على محاضر جلسات المجلس التشريعي يلاحظ أن النواب استخدموا وسيلة الاستجواب مرتين فقط كانتا في الدورة الثالثة للمجلس:

- **استجواب وزير الحكم المحلي:** تم هذا الاستجواب في الجلسة الرابعة المنعقدة في الفترة 14-1998/4/16 حيث قدم 25 نائباً مذكرة لاستجواب وزير الحكم المحلي (د. صائب عريقات) بخصوص عدم تطبيق قانون الانتخابات المحلية واستمرار التعيينات في المجالس المحلية والبلدية، وبعد إجابة الوزير المستجوب عن أسئلة النواب، أكد المجلس مبدأ الانتخابات للمجالس المحلية والبلدية ووقف سياسة التعيينات فيها، ودعا رئيس المجلس أحمد قريع لجنة الداخلية والأمن لمتابعة الموضوع.
- **استجواب وزير المالية:** تم هذا الاستجواب في الجلسة الاستثنائية الـ 11 المنعقدة في 1999/1/28، بناء على قرار المجلس التشريعي رقم 353 المتخذ في الجلسة الـ 17 المنعقدة في 1999/1/5، لاستجواب وزير المالية لعدم تقديمه موازنة سنة 1999 في الآجال القانونية. وتقرر في نهاية الجلسة توجيه اللوم إلى مجلس الوزراء بسبب تأخره في تقديم مشروع الموازنة لسنة 1999 وتحميله المسؤولية القانونية بهذا الشأن، وإعطاء مهلة لمجلس الوزراء أقصاها ثلاثة أسابيع تبدأ

من تاريخ 1999/1/28 لتقديم الموازنة، وعقد جلسة خاصة لسحب الثقة من الحكومة إذا انقضت المدة القانونية و لم ينفذ فيها تقديم المشروع، إلا أن الدورة الثالثة انتهت يوم 1999/2/10، أي قبل انتهاء الأجل القانوني دون اتخاذ قرار بذلك[52].

كما أن هناك أنواع أخرى من الرقابة منها الرقابة بواسطة الأسئلة البرلمانية، ومنها الرقابة عبر جلسات المناقشة. واستخدم المجلس هذا الإجراء في تسع مناسبات، ثلاث منها في الدورة الأولى، وثلاث أخرى في الدورة الخامسة، ومرة واحدة في كل من الدورات الثانية والثالثة والرابعة. ومنها الرقابة عبر تقصي الحقائق حيث شكل المجلس لجان تقصي حقائق في عشر مناسبات خلال السنوات الخمس (آذار/ مارس 1996-آذار/ مارس 2001)[53].

ب: المسؤولية السياسية:

ورد في الفصل الثالث من الباب الخامس للنظام الداخلي للمجلس التشريعي الفلسطيني، تحت عنوان "الاستعجال في النظر" ما يأتي:

> للمجلس أن يقرر استعجال النظر في أي موضوع مطروح عليه، بما فيه قرار منح الثقة، أو حجب الثقة، أو توجيه لوم أو نقد للسلطة التنفيذية أو أحد الوزراء، ويصدر قراره دون مناقشة في الحالات الآتية:
>
> - بناء على طلب كتابي مسبب من خمسة أعضاء على الأقل.
> - بموجب طلب مجلس الوزراء.
> - بناء على طلب اللجنة المختصة[54].

و لم يطرح موضوع حجب الثقة عن الحكومة للنقاش في أي جلسة من جلسات الدورتين الأولى والثانية، واقتصر الأمر على طلبات تقدّم بها أعضاء في المجلس، أو تكتل أعضاء لطرح موضوع حجب الثقة للنقاش العام، إلا أن جميع هذه الطلبات لم تكن تدرج على جدول أعمال المجلس، إذ كان يستثنى موضوع حجب الثقة عن الحكومة من تلك النقاشات[55].

وعلى الرغم من ثبوت تورط أعضاء الحكومة القائمة (حينئذ) في قضايا فساد إداري ومالي وقانوني، من بينهم نبيل شعث، وزير التخطيط والتعاون الدولي، وعلي القواسمي، وزير المواصلات، وجميل الطريفي، وزير الشؤون المدنية، بحسب تقرير لجنة تقصي الحقائق المكلفة بدراسة تقرير هيئة الرقابة العامة السنوي الأول لسنة 1996[56]، والذي بيّن سرقة 326 مليون دولار، وهو مبلغ هائل قياساً بميزانية السلطة الضئيلة التي كانت بحدود 1,500 مليون دولار، اكتفى المجلس التشريعي في 1997/7/31 بطلب تغيير الحكومة[57]، وجاء في نص القرار الذي حمل رقم 2/16/195 في الفترة 28-1997/7/31: "الطلب إلى الرئيس ياسر عرفات إعادة تشكيل مجلس وزراء من ذوي الكفاءة والتخصص والالتزام، على أن يتم ذلك في مدة لا تتجاوز شهر أيلول/ سبتمبر القادم [1997]"[58]؛ وهو ما يعني التفافاً من المجلس التشريعي بشأن طرح حجب الثقة عن الحكومة برئاسة ياسر عرفات.

غير أن الرئيس عرفات تجاهل ذلك الطلب، الذي كانت نسبة التصويت فيه 56 صوتاً مقابل صوت واحد؛ وقدم النائب حيدر عبد الشافي استقالته من المجلس التشريعي في أوائل تشرين الأول/ أكتوبر 1997 معللاً ذلك بموقف السلطة التنفيذية غير الطبيعي من التشريعي، وتهميشها للمجلس[59].

وفي كانون الأول/ ديسمبر 1997 قدم ما لا يقل عن 17 وزيراً استقالتهم، احتجاجاً على ما وصفوه بمحاولات التشويه التي يمارسها التشريعي بحقهم؛ غير أن الرئيس عرفات رفض المصادقة على استقالتهم، وطالبهم بالاستمرار بممارسة مهامهم حتى الإعلان عن التشكيل الوزاري الجديد[60].

وبدلاً من محاسبة الوزراء المتورطين بقضايا الفساد المالي والإداري، كافأ الرئيس عرفات هؤلاء الوزراء من خلال إبقائهم في مناصبهم، وهذا ما أكده التشكيل الوزاري الذي أعلنه في آب/ أغسطس 1998؛ حيث أعاد تعيين نبيل شعث وزيراً للتخطيط والتعاون الدولي، وجميل الطريفي وزيراً للشؤون المدنية، وعلي القواسمي

وزيراً للمواصلات. وفي الوقت نفسه، خلا التشكيل الوزاري من اثنين من أبرز معارضي نظام حكم الرئيس عرفات، وهما حنان عشراوي، التي رفضت منصب وزير السياحة بدلاً من منصبها السابق كوزيرة للتعليم العالي، وعبد الجواد صالح، الذي رفض منصب وزير بلا حقيبة بدلاً من منصبه السابق كوزير للزراعة[61].

وكانت عشراوي قد أعلنت استقالتها من الحكومة الجديدة في 1998/8/6 التي أعلنها الرئيس عرفات في 1998/8/5، وذلك احتجاجاً على التشكيل الجديد الذي ضم وزراء من الحكومة السابقة متهمين بالفساد[62]. وانتقدت عشراوي التشكيل الوزاري، معتبرةً إياه محاولةً من عرفات للالتفاف على إجراءات الإصلاح الحقيقي، وأكدت أن هذا التشكيل يعبر عن "عدم احترام مطالب الشعب الفلسطيني والمجلس التشريعي بالإصلاح". كما اعتبر عبد الجواد صالح أن التشكيل الحكومي الجديد "مأساة حقيقية بحق شعبنا"[63].

كما هدد المجلس التشريعي بحجب الثقة ثلاث مرات، بخصوص إقرار الموازنة العامة. أما بخصوص حجب الثقة عن أحد الوزراء، فلم يقم المجلس بذلك، إلا أن الأمر اقتصر على المناقشة وحسب[64].

ويبدو أن عدم استخدام المجلس الشكل الجاد للرقابة المتمثل في حجب الثقة عن الحكومة أو أحد الوزراء يعود في أحد جوانبه إلى أسباب ذاتية تتعلق بعدم القدرة على تحقيق الأغلبية المطلوبة، إذ أن 77% من أعضاء المجلس هم أعضاء في فتح التي تشكل وحدها تقريباً الحكومة، إضافة إلى وجود شخصية الرئيس عرفات الذي يسيطر على مؤسسة القرار في منظمة التحرير الفلسطينية وفي السلطة الفلسطينية ويتحكم فيها، فضلاً عن وجود أسباب موضوعية تتمثل في خصوصية المرحلة المتمثلة باستمرار الاحتلال الإسرائيلي وعدم تطبيق الجانب الإسرائيلي للاتفاقيات الموقعة مع منظمة التحرير[65].

3. تمديد ولاية المجلس التشريعي:

نص القانون الأساسي للسلطة الفلسطينية على أن مدة المجلس التشريعي أربع سنوات من تاريخ انتخابه، وتجري الانتخابات مرة كل أربع سنوات بصورة دورية. وتنتهي مدة ولاية المجلس القائم عند أداء أعضاء المجلس الجديد المنتخب اليمين الدستوري.

وكان من المفترض أن تنتهي ولاية المجلس التشريعي الأولى بانتهاء المرحلة الانتقالية التي حُددت بشهر أيار/ مايو 1999، إلا أن الرئيس عرفات لم يصدر مرسوماً رئاسياً إلا في آذار/ مارس 2002 يقضي بتمديد ولاية المجلس، ونص المرسوم الرئاسي على ما يلي: "بناء على الصلاحيات المخولة لنا ونظراً للظروف الراهنة التي يمر بها الوطن، وبناء على مقتضيات المصلحة العليا، قررنا تمديد فترة ولاية الدورة الحالية للمجلس التشريعي الفلسطيني لمدة أقصاها ثلاثة أشهر".

وقد تدخل المجلس المركزي لمنظمة التحرير لإضافة تمديد جديد لولاية المجلس التشريعي، ليستمر عمله حتى كانون الثاني/ يناير 2006[66].

ثالثاً: المجلس التشريعي الفلسطيني (2006-...)

1. الانتخابات وتشكيلة المجلس:

جرت الانتخابات للمجلس التشريعي الفلسطيني الثاني في 2006/1/25، بمشاركة معظم الأحزاب والفصائل الفلسطينية، ومقاطعة حركة الجهاد الإسلامي، استناداً إلى قانون رقم 9 لسنة 2005 الذي أقره المجلس التشريعي الفلسطيني في 2005/6/18، والقائم على أساس النظام الانتخابي المختلط، والذي يجري من خلاله توزيع المقاعد مناصفة بين كل من نظام الأغلبية (الدوائر) ونظام التمثيل النسبي (القوائم)، وتم زيادة عدد مقاعد المجلس التشريعي من 88 إلى 132 مقعداً[67].

وتنافست 11 قائمة على نصف مقاعد المجلس ضمن النظام التمثيلي النسبي، و414 مرشحاً على نصف المقاعد الأخرى، في إطار تقسيم الضفة الغربية غزة إلى 16 دائرة انتخابية، 11 دائرة منها في الضفة الغربية و5 دوائر في قطاع غزة. وبلغت نسبة التصويت في الانتخابات التشريعية الفلسطينية الثانية 77.18%، حيث شارك 1,042,424 مقترعاً من أصل 1,332,396 يحق لهم المشاركة في الانتخابات[68].

وفازت حركة حماس المتمثلة في "قائمة التغيير والإصلاح" بأغلبية مقاعد المجلس الثاني حين حصلت على 74 مقعداً، كما فاز أربعة نواب مستقلين بدعم مباشر من حركة حماس، في حين حصلت حركة فتح على 45 مقعداً، فيما توزعت 9 مقاعد على باقي القوائم الأخرى. وحصلت حركة حماس على 29 مقعداً في انتخابات القوائم، و45 مقعداً في انتخابات الدوائر، وحصلت حركة فتح على 28 مقعداً في انتخابات القوائم، و17 مقعداً في انتخابات الدوائر.

جدول رقم (2): التوزيع النهائي لمقاعد المجلس التشريعي الفلسطيني الثاني 2006[69]

المجموع	عدد المقاعد (الدوائر)	عدد المقاعد (القوائم)	صفة الترشيح
74	45	29	قائمة التغيير والإصلاح (حماس)
45	17	28	قائمة حركة فتح
3	0	3	قائمة الشهيد أبو علي مصطفى (الجبهة الشعبية)
2	0	2	قائمة الطريق الثالث
2	0	2	قائمة البديل (ائتلاف الجبهة الديمقراطية وحزب الشعب وفدا ومستقلين)
2	0	2	قائمة فلسطين المستقلة مصطفى البرغوثي والمستقلون
4	4	0	مستقلون
132	66	66	المجموع

شكل رقم (2): توزيع الأعضاء الفائزين بمقاعد المجلس التشريعي الفلسطيني الثاني 2006 حسب القوائم

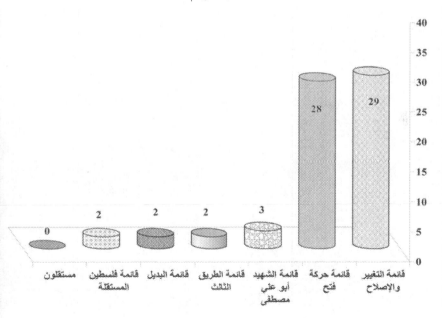

29

شكل رقم (3): توزيع الأعضاء الفائزين بمقاعد المجلس التشريعي الفلسطيني الثاني 2006 حسب الدوائر

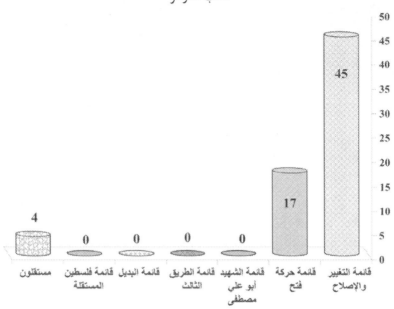

شكل رقم (4): التوزيع النهائي لمقاعد المجلس التشريعي الفلسطيني الثاني 2006

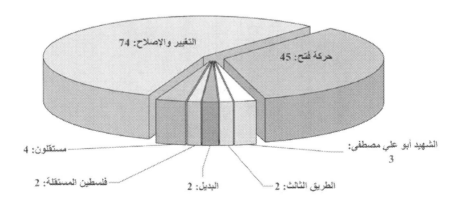

وفي قراءة لنتائج الانتخابات التشريعية الفلسطينية الثانية، التي أفضت إلى فوز حركة حماس، وخسارة حركة فتح، على الرغم من أن استطلاعات الرأي كانت تشير إلى فوز حركة فتح، ترجع معظم التحليلات هذه النتائج إلى ثلاثة مستويات من الأسباب، أولها ما يتعلق بفتح ذاتها، وثانيها يتعلق بحماس، أما ثالثها فيتعلق بالظروف المحيطة فلسطينياً، وعربياً، ودولياً[70].

أما عن الأسباب التي تتصل بفتح، فتعود إلى هلامية الحركة، وعدم تجانسها في ظل غياب شخصية كاريزمية مثل الراحل ياسر عرفات قادرة على جذب الجمهور، يُضاف إلى ذلك الصراعات العلنية بين أجنحة الحركة وغياب الديموقراطية داخلها، والفساد المستشري في أوساط الحركة والسلطة. وأما الأسباب التي تتصل بحماس، فتأتي التحليلات على ذكر الفعل الجهادي المميز للحركة، يضاف إليه نظافة العمل السياسي، والخدمات الاجتماعية. ومن الأسباب الأخرى الانضباط الواضح في أوساط حماس[71].

وفيما يتعلق بالظروف المحيطة التي أدت إلى هذه النتائج، فتعزوها التحليلات إلى نزاهة الانتخابات التي أفرزت رأي الشارع بدقة، فيما يتحدث البعض عن الموقف الأمريكي والإسرائيلي من حماس، والإصرار على عدم مشاركتها في الانتخابات وفي تشكيل الحكومة الفلسطينية، غير أن معظم التقارير واستطلاعات الرأي التي كانت تؤكد فوز فتح بأغلبية مريحة، قد شجعت الرئيس عباس لفتح المجال لحماس على المشاركة، وللحصول على موافقة أمريكية إسرائيلية بمشاركتها، أملاً في ضبطها كأقلية معارضة، وفي التحدث باسم الشعب الفلسطيني وفصائله. ويرى بعض المحللين بأن التحولات الإقليمية فيما يخص الإصلاح والانتخابات والديموقراطية، قد أثرت بطريقة مباشرة على النتائج[72].

2. صراع التشريعات بين المجلسين السابق والمنتخب:

عقد المجلس التشريعي الفلسطيني الأول المنتهية ولايته، والذي كانت تسيطر على معظم مقاعده حركة فتح، جلسة استثنائية في 2006/2/13، وصفت من أكثر من نائب بأنها "دعوة غريبة في أجواء غريبة"، حيث جاءت قبل أيام قليلة من موعد جلسة تنصيب المجلس الجديد، الذي فازت حركة حماس بغالبية مقاعده[73]. وأقرت الجلسة تعديلات ومراسيم توسّع من سلطات رئيس السلطة الفلسطينية محمود عباس، وتقلص من سلطات المجلس التشريعي المنتخب.

وعبّر عزيز دويك، عضو المجلس التشريعي المنتخب والقيادي في حركة حماس، عن مخاوف حركته من "انقلاب أبيض" ضدّ حماس تسعى إليه فتح، من خلال استحداث مناصب في بعض مؤسسات ووزارات السلطة، يشغلها قادة وكوادر في فتح، بالإضافة إلى العمل على تحويل العديد من الصلاحيات التي كفلتها القوانين الفلسطينية لرئيس الوزراء وتجييرها لصالح رئيس السلطة[74].

وافتتح روحي فتوح، رئيس المجلس المنتهية ولايته، الجلسة الختامية مؤكداً أن ولاية المجلس تظلّ قائمة إلى حين أداء الأعضاء الجدد اليمين الدستورية، وانتقد "الضجيج" الذي وصفه بـ"المفتعل وغير الموضوعي" حول هذه الجلسة، وأضاف أن للمجلس أن يمارس صلاحياته طالما لم يسلم مهامه إلى المجلس المنتخب. وردّ على ما تردد من أن الجلسة مخصصة لتعديل القانون الأساسي، بأن المجلس أسقط اقتراح تعيين نائب للرئيس، وتمكين الرئيس من حلّ التشريعي[75].

وأقرّ المجلس في جلسته الختامية تعديلاً على قانون المحكمة الدستورية، وصادق على مراسيم وتعيينات رئاسية تصبّ في صالح الرئيس والسلطة، أثارت العديد من ردود الفعل، خصوصاً حول مدى قانونيتها[76]، وفيما يلي أبرزها:

أ. منح رئيس السلطة الفلسطينية صلاحية تشكيل المحكمة الدستورية: تمّ إقرار التعديلات التي اقترحها الرئيس محمود عباس بخصوص صلاحية إنشاء

المحكمة الدستورية، والتي تنصّ على أنه "يتمّ التشكيل الأول للمحكمة بتعيين رئيس المحكمة بقرار من رئيس السلطة الوطنية بالتشاور مع مجلس القضاء الأعلى ووزير العدل"، ونصت المادة على تعيين رئيس وقضاة المحكمة بـ"قرار من رئيس السلطة الوطنية وبتنسيب من وزير العدل"[77]. ورأى الخبراء في هذا النص الذي جاء معدلاً لنص سابق يشترط مصادقة التشريعي على تعيين رئيس المحكمة وأعضائها، انتقاصاً من سلطة التشريعي وتعزيزاً لسلطة الرئيس[78].

ب. تعيين رئيس ديوان الموظفين: وشملت المراسيم الرئاسية التي صادق عليها التشريعي مرسوماً يقضي بتعيين رئيس لديوان الموظفين تابع للرئاسة، وتم تعيين جهاد حمدان في هذا المنصب. ومن المفارقة أن الرئيس محمود عباس خاض صراعاً مع الرئيس الراحل ياسر عرفات سنة 2003 لتحويل هذا المنصب ذاته من سلطة الرئاسة إلى سلطة رئاسة الوزراء[79]. كما صادق المجلس على تعيين فاروق الإفرنجي رئيساً لهيئة التقاعد، ومحمود فريد أبو الرب رئيساً لديوان الرقابة المالية والإدارية[80].

ج. تعيين أمين عام للتشريعي من خارج المجلس المنتخب: فقد تمّ تعيين إبراهيم خريشة (وهو من كوادر حركة فتح، و لم يحالفه الحظ في الانتخابات عن دائرة طولكرم) أميناً عاماً للتشريعي ليحلّ محلّ أمين سرّ المجلس الذي يشغله نواب منتخبون في العادة، وبموجب التعيين الجديد فإن الأمين العام سيكون مسؤولاً عن جميع موظفي المجلس، في خطوة ستمنع الحكومة الجديدة من إحداث أي تغيير في بنية المجلس التشريعي القائمة، بررتها فتح ضمن "تعديلات مقرة لتطوير المجلس اقترحتها في آذار/ مارس [2005] الماضي لجنة إصلاح وتطوير التشريعي"[81].

د. اعتبار النواب الجدد المنتخبين نواباً في المجلس الوطني: أقرّ المجلس أيضاً تعديلاً على قانون الانتخابات العامة المعدّل رقم 13، أعاد فيه نصاً يقضي باعتبار

أعضاء المجلس التشريعي المنتخبين أعضاء في المجلس الوطني لمنظمة التحرير الفلسطينية، وأشار رئيس المجلس المنتهية ولايته روحي فتوح إلى أن هذا البند لم يرد في القانون الأساسي، لكنه "سقط سهواً ولم يحظ بأية قراءة في حينه، وأخذ على أنه أمر مفروغ منه"[82]، وقال فتوح: "إن رئيس المجلس الوطني سليم الزعنون، هو أول من أثار هذه القضية وبعث برسالة إلى الرئيس محمود عباس لإصدار مرسوم لتصليح هذا الخطأ"[83].

أدى المجلس التشريعي الجديد اليمين الدستورية في 2006/2/18، وانتخب عزيز دويك رئيساً له. وفي 2006/2/20 اتخذ دويك قراراً بتجميد جميع القرارات الصادرة عن المجلس القديم في جلسته الأخيرة؛ لإعادة التصويت عليها في جلسة المجلس التشريعي القادمة[84]. وأشار دويك، في حوار مع المركز الفلسطيني للإعلام، إلى أن "حماس لا تسعى إلى صدام مع أحد، لكن المجلس التشريعي القديم اتخذ قرارات هامة، في فترة لا يجوز أن يجري فيها طرح قضايا هامة، وخاصة من نواب خاضوا الانتخابات ولم يحالفهم الحظّ في نيل ثقة الشعب". وأضاف قائلاً "وبناء على ذلك، ارتأينا تجميد هذه القرارات، وإعادة دراستها من قِبَل اللجنة القانونية في المجلس التشريعي، والتي هي جزء من المجلس السابق، ونحن لم نأتِ برجال قانون جدد، وإنما نفس الرجال الذين كانوا في السابق، وهم سيقررون قانونية هذه الإجراءات"[85].

ورأى عزام الأحمد، رئيس كتلة فتح البرلمانية، أن القرارات التي اتّخذها دويك غير شرعيّة، وتشكّل بداية "لمخالفة القوانين التي يبدو أن رئيس المجلس لم يُراجعها جيداً"؛ وقال: "إن قرار دويك ليس له علاقة بالقانون إطلاقاً، وإنما بالرغبة والمزاج، ليس أكثر من ذلك". كما أضاف أن "دويك فرض من نفسه ديكتاتوراً على المجلس التشريعي"، وأشار إلى أنها "بداية غير موفّقة إذا كانت عن وعي، فهي بداية خاطئة لا بُدّ من التصدّي بقوّة لها"[86].

وفي 2006/3/6 عقد المجلس التشريعي الجديد جلسته الأولى، وانسحب نواب حركة فتح بشكل جماعي عندما قرر رئيس المجلس عزيز دويك اللجوء للتصويت لإلغاء القرارات الصادرة عن المجلس القديم في جلسته الأخيرة، حيث عدّ عزام الأحمد التصويت غير قانوني، وأنهم لا يمكنهم المشاركة في جلسة غير قانونية. ورأى أن نواب حماس كان يمكنهم إلغاء أي قرار سابق بطريقة قانونية، إلا أن "تعطشهم" للسلطة دفعهم للجوء إلى "أسلوب غير قانوني وغير حضاري". معلناً أن كتلته ستلجأ إلى محكمة العدل العليا للطعن في قرارات حماس، لكن الجلسة استمرت وتمّ التصويت بالفعل على إلغاء بعض القرارات[87].

وأكد عزام الأحمد أن عودة كتلة فتح إلى المجلس التشريعي مرهونة بصدور قرار محكمة العدل العليا، التي لجأت إليها فتح للبت في الخلاف حول تفسير القوانين والنظام الداخلي والتصويت في جلسة التشريعي الأولى للمجلس الجديد[88].

غير أن عزيز دويك رأى أنه ليس من حقّ المحكمة الفلسطينية العليا إبطال أو إلغاء قرارات المجلس لأن هذا شأن داخلي وسيادي، عبّرت عنه الأغلبية. كما أضاف أن انسحاب نواب فتح هو تأكيد على ضعف موقفهم القانوني، وأشار دويك في حديث لجريدة عكاظ إلى أن عزام الأحمد أبلغه بأن قرار فتح خلال المجلس السابق، هو "قرار أعرج". ودافع عن قرار إلغاء توسيع صلاحيات عباس القضائية، ورأى أنه دستوري، مشيراً إلى أن حماس لا تريد الانقلاب أو الصدام مع الرئيس عباس، بدليل أن المجلس وافق على ستة مشاريع قرارات جاءت منه[89].

3. الاعتقالات الإسرائيلية لرئيس وأعضاء المجلس في الضفة وأثرها على أداء المجلس:

رفضت "إسرائيل" نتائج الانتخابات التشريعية؛ إذ شكل فوز حماس مفاجأة وصدمة كبيرة لـ"إسرائيل"، وعلّقت إذاعة الجيش الإسرائيلي في برنامجها الإخباري الرئيسي بقولها[90]:

إسرائيل تصاب بصدمة. إنها في ارتباك وبلبلة، لأنها لم تستعد كما ينبغي، ولم تبلور خطواتها المستقبلية... إن استعجال أولمرت باستدعاء وزيري الدفاع والخارجية ورؤساء المخابرات وقادة الجيش إلى جلسة مشاورات، تعكس الارتباك الحاصل جراء القنبلة أو الهزة من العيار الثقيل التي فجرها فوز حماس، إذ ليس لدى هذه الحكومة سياسة واضحة، لا على المستوى التكتيكي ولا الاستراتيجي. إنها لا تفقه ما عليها فعله الآن... إن النتائج لم تصدم إسرائيل فحسب، إنما أيضاً وجهت صفعة إلى الولايات المتحدة التي ظنت أن الديموقراطية المنشودة، ستدفع برئيس السلطة الفلسطينية إلى تفكيك البنى التحتية لحماس، لكن يبدو الآن أن حماس هي التي فككت سلطة أبي مازن.

واعترف الملخص التنفيذي لمؤتمر هرتسليا لسنة 2006 أن صعود حماس يمثل تحدياً استراتيجياً، حيث تمكّنت من السلطة دون أن تُغيّر مواقفها. ولاحظ بأن "العملية السلمية التي هدفت إلى تخليص السلطة الفلسطينية من الإرهاب هي نفسها التي أحضرت قادة الإرهاب إلى السلطة". ونبه إلى أن صعود حماس جعل احتمالات إنشاء دولة فلسطينية بحدود مؤقتة أمراً أكثر صعوبة[91].

وبالتالي، كانت حماس قادماً غير مرغوب فيه إسرائيلياً، حيث كان فوزها خروجاً عن قواعد اللعبة الإسرائيلية – الأمريكية المطلوبة في إدارة السلطة الفلسطينية. وقررت "إسرائيل" مقاطعة الحكومة الفلسطينية التي ستشكلها حماس إلا إذا اعترفت بـ"إسرائيل"، ونبذت العنف و"الإرهاب"، ونزعت أسلحة المنظمات "الإرهابية"، ووافقت على الاتفاقات التي تم التوقيع عليها بين "إسرائيل" وبين منظمة التحرير الفلسطينية والسلطة الفلسطينية.

وسعت "إسرائيل" منذ اليوم الأول إلى إسقاط حكومة حماس وعرقلة أداء المجلس التشريعي بمختلف الوسائل، ونشرت النيويورك تايمز The New York Times في

2006/2/14 تقريراً عن خطة أمريكية إسرائيلية تهدف إلى عزل السلطة الفلسطينية، والتسبب بمعاناة للشعب الفلسطيني تجبره على إسقاط حكومة حماس وإعادة فتح إلى السلطة[92].

وشملت محاولات إسقاط حكومة حماس حملة اعتقالات استهدفت وزراءها ونوابها، إثر عملية "الوهم المتبدد" التي أسر فيها الجندي الإسرائيلي جلعاد شاليط في 2006/6/25، حيث اعتقلت "إسرائيل" 28 نائباً ووزيراً خلال أربعة أيام تلت وقوع العملية، وتابعت عمليات اعتقال الوزراء والنواب حتى بلغ عددهم نحو 50[93]، وشملت الاعتقالات عزيز دويك رئيس المجلس التشريعي، ومحمود الرمحي أمين سر المجلس، وناصر الدين الشاعر نائب رئيس الوزراء وغيرهم.

يُذكر أن قضية الأسرى فرضت نفسها بقوة في انتخابات المجلس التشريعي لسنة 2006، حيث شارك 31 أسيراً فيها، فاز منهم 15 أسيراً، وبذلك يشكل النواب الأسرى ما نسبته 11.4% من إجمالي أعضاء التشريعي، وكانت الغالبية منهم محسوبين على حماس، وعددهم 11 نائباً، وثلاثة نواب محسوبين على فتح، وواحد عن الجبهة الشعبية لتحرير فلسطين هو أمينها العام أحمد سعدات، حينما كان معتقلاً في سجن أريحا التابع للسلطة الفلسطينية، وتحت حراسة بريطانية – أمريكية، والذي أقدمت قوات الاحتلال الإسرائيلي على اقتحام سجنه في 2006/3/14، واختطافه مع عدد آخر من المعتقلين، ونقله للسجون الإسرائيلية[94].

وأشار "مركز أحرار لدراسات الأسرى وحقوق الإنسان" إلى أن حملة الاعتقالات التي أعقبت أسر شاليط طالت كل هيئات ولجان المجلس التشريعي، من رئاسة المجلس مروراً بأمانة السر، وصولاً إلى النائبات مثل النائبة منى منصور والنائبة مريم صالح. وذكر مدير "مركز أحرار" فؤاد الخفش إلى أن الاعتقالات طالت معظم الكتل في التشريعي، حيث كانت الحصة الأكبر لكتلة حماس، فمن أصل 47 نائباً للكتلة في الضفة الغربية تم اعتقال 45 نائباً[95].

وبدأت محكمة عوفر العسكرية الإسرائيلية Ofer Military Court، في 2006/7/5، النظر في قضايا الوزراء ونواب المجلس التشريعي الفلسطيني الذين اختطفتهم قوات الاحتلال بعد أسر شاليط، بتهمة الانتماء إلى حماس[96]. وفي 2006/8/17 بدأت "إسرائيل" بمحاكمة رئيس المجلس التشريعي الفلسطيني عزيز دويك، بعد أن كانت اعتقلته في 2006/8/6[97].

وخلال فترة أكثر من سنة ونصف السنة لم يصدر أي حكم قضائي بحق أي من النواب المعتقلين، حيث أصدرت المحاكم الإسرائيلية خلال سنة 2008 عدد من الأحكام بحق مجموعة من أعضاء التشريعي، المنتخبين عن كتلة التغيير والإصلاح، لفترات سجن تتفاوت ما بين 30-40 شهراً، وهو ما يعني انتهاء ولاية المجلس التشريعي الثاني بالتزامن مع قضاء الأحكام؛ وجاء في مقدمة من صدرت بحقهم الأحكام عزيز دويك رئيس المجلس، الذي صدر بحقه حكماً بالسجن الفعلي 36 شهراً في 2008/12/16[98]. وكانت "إسرائيل" حتى تاريخ 2008/11/14 مازالت تعتقل نحو 42 نائباً عن كتلة حماس البرلمانية[99].

وتزامناً مع الحكم الذي صدر على دويك، قال الرئيس عباس، إنه سيدعو "في وقت قريب وقريب جداً" إلى انتخابات رئاسية وتشريعية للسلطة الفلسطينية، في الضفة الغربية وقطاع غزة[100].

وفي 2009/3/31 أفرجت سلطات الاحتلال الإسرائيلي عن محمود الرمحي أمين سر المجلس التشريعي، بعد اعتقال دام 32 شهراً. وبعد الإفراج عن الرمحي بقي 44 نائباً في الأسر. وأشار مدير مركز أحرار لدراسات الأسرى وحقوق الإنسان فؤاد الخفش إلى أن ستة نواب فقط من كتلة حماس البرلمانية بالضفة الغربية متواجدون خارج السجون[101].

وأفرجت سلطات الاحتلال عن رئيس المجلس التشريعي الفلسطيني عزيز دويك في 2009/6/23. كما أفرجت عن تسعة نواب من كتلة التغيير والإصلاح في

2009/9/2، وأفرجت عن سبعة نواب يومي 1 و2009/11/2. وبهذا الإفراج، يكون عدد النواب المعتقلين 18 نائباً، منهم 15 نائباً عن كتلة التغيير والإصلاح، ونائبان عن كتلة فتح البرلمانية، ونائب عن الجبهة الشعبية[102].

وذكرت الحملة الدولية للإفراج عن النواب المختطفين في 2010/1/31 أن "إسرائيل" مازالت تختطف 16 نائباً، منهم 13 عن كتلة التغيير والإصلاح، واثنين عن كتلة فتح البرلمانية، ونائب واحد من قائمة الشهيد أبو علي مصطفى[103].

وأكد محمود الرمحي أن اختطاف النواب من قبل "إسرائيل" كان سياسياً والهدف منه تعطيل عمل المؤسسة التشريعية، مشيراً إلى أن السلطة قصّرت فيما يخص قضيتهم، خاصة أنها استكملت المفاوضات من دون اعتبارات للقضية، وفسر بأنه ضوء أخضر للاحتلال للاستمرار في اختطاف النواب[104].

أوقف المجلس التشريعي الفلسطيني نشاطاته التشريعية بعد اعتقال نحو 50 من أعضاءه، غالبيتهم من حركة حماس في السجون الإسرائيلية، ولم يعقد المجلس أي جلسة بكامل كتله منذ سيطرة حماس على قطاع غزة في منتصف حزيران/ يونيو 2007. وفي ظل غياب النصاب القانوني، مع وجود العدد الكبير من النواب المعتقلين في السجون الإسرائيلية، أصبح المجلس التشريعي غير فاعل مع انعقاد جلسات تنافسية لأعضاء المجلس في قطاع غزة والضفة الغربية، في إطار محاولات كسب الشرعية الديمقراطية.

وترأس النائب الأول للمجلس التشريعي أحمد بحر جلسات المجلس خلال فترة اعتقال رئيس المجلس عزيز دويك. وترأس بحر جلسات المجلس أيضاً بعد الانقسام الفلسطيني، حيث لم ينعقد المجلس إلا في قطاع غزة. وللخروج من أزمة النصاب القانوني، لجأ بحر إلى التوكيلات، والتي تعتمد على توكيل النواب الأسرى لنظرائهم في الخارج. وأشار بحر إلى أن فكرة التوكيلات جاءت لكسر الطوق عن النواب الأسرى، كي يتمكّنوا من ممارسة دورهم البرلماني وهم داخل السجون[105].

ومثّل إطلاق سراح دويك في 2009/6/23 تعزيزاً لقوة حماس في الضفة الغربية بعد عامين من الحظر الذي تفرضه السلطة على أي نشاط لها. وحملت كلمته التي قالها فور الإفراج عنه رسالة مفادها أن سياسة "إسرائيل" في احتجاز النواب فشلت لأنهم بدأوا يعودون إلى مواقعهم الواحد تلو الآخر، وأن السلطة لا تستطيع حظر نشاط الحركة في الضفة إلى ما لا نهاية، وأن الحل للانقسام والصراع الداخلي يكمن في الحوار.[106]

وتوجه دويك إلى مقر المجلس التشريعي الفلسطيني فور الإفراج عنه، ولكنه وجده مغلقاً، وبررت أوساط في السلطة الفلسطينية ذلك بأنه بسبب انتهاء الدوام الرسمي للموظفين. غير أن رئيس الحكومة في غزة إسماعيل هنية اتهم حركة فتح بمنع دويك من دخول المجلس[107]، وقال: "إني أقرأ الذي جرى في رام الله قراءة أبعدَ من إغلاق أبواب المجلس، وكأنها رسالة فيها عدم اعتراف برئاسة الدكتور عزيز دويك للمجلس، والدخول في مناورات صغيرة مرفوضة على حساب الشرعية ورئاسة التشريعي". وأكد التمسك بدويك رئيساً للتشريعي، وعدّ هذه الممارسات سوءَ نية ومحاولة للنيل من الشرعية الفلسطينية.[108]

وكشف دويك في 2009/6/25 نيته دعوة النواب من الكتل البرلمانية المختلفة إلى اجتماع للمساهمة في رأب الصدع الداخلي واستعادة الوحدة الوطنية، وأشار إلى أنه تلقى "اتصالات عدة من برلمانيين فلسطينيين من فصائل عدة أبدوا خلالها استعدادهم للدفع في اتجاه إنهاء الانقسام وتحقيق المصالحة".[109]

وقال عزام الأحمد رئيس كتلة فتح البرلمانية معقباً على إعلان دويك: "لا يمكن عقد اجتماعات بالمجلس التشريعي إلا بعد عقد دورة خاصة.بمرسوم رئاسي من رئيس السلطة الوطنية"[110]، وقال إن دورة المجلس انتهت في 2007/7/11 "لكن حماس رفضت، للأسف، عقد الدورة الجديدة التي دعا إليها الرئيس محمود عباس في ذلك الوقت وفق النظام، وبالتالي جُمد المجلس وانعكس عليه الانقسام". وقال إنه لا بد

من عقد دورة جديدة للتشريعي يتم فيها انتخاب هيئة رئاسية ومكتب جديد. وأضاف "كنت أتمنى أن يكون بإمكان الدكتور عزيز أن يترأس الآن جلسة للتشريعي، لكن أعتقد أنه ليس بإمكانه ذلك قانونياً"[111].

لكن النائب الثاني لرئيس المجلس التشريعي حسن خريشة، أكد أن "دويك هو رئيس المجلس التشريعي، وبإمكانه أن يدعو لجلسة جديدة في الوقت الذي يريد"، مشيراً إلى إجماع كل القوائم والكتل النيابية على ذلك. وقال إن دورة المجلس يفترض أن تكون قد بدأت خلال آذار/ مارس 2009 لكن ذلك لم يحدث "وعليه تبقى رئاسة المجلس كما هي لحين تسليمها لرئاسة جديدة"[112].

واستقبل الرئيس عباس في 2009/6/30 دويك، بصفته عضواً في البرلمان الفلسطيني وليس رئيساً له، حسبما أفادت وكالة الأنباء والمعلومات الفلسطينية — وفا. غير أن محمود الرمحي نفى ذلك وقال إن عباس "أقر خلال الاجتماع بشرعية رئيس المجلس التشريعي الدكتور دويك وهيئة رئاسة المجلس"، مشيراً إلى أن الاستقبال كان على هذا الأساس، وقال إن عباس اعتبر الأصوات المشككة في شرعية دويك هي "أصوات نشاز"[113].

وكشف الرمحي، عن أن الرئيس عباس، طلب من دويك أن ترشح حماس أربعة قياديين منها للمشاركة في حكومة التوافق الوطني، بحيث يلتزمون بالاتفاقيات الموقعة بشكل شخصي، من أجل نيل القبول الدولي لحكومة التوافق[114].

وحاول عزيز دويك في أكثر من مرة دعوة المجلس التشريعي للانعقاد، و لم تفلح جهوده حتى صدور هذا التقرير، حيث لم يدع الرئيس عباس لانعقاد التشريعي، كما استمر الجدل القائم بين حركتي فتح وحماس حول شرعية هيئة المجلس التي يرأسها دويك.

41

وعلى الرغم من إفراج سلطات الاحتلال عن العدد الكبير من أعضاء المجلس التشريعي، وخصوصاً الأعضاء في كتلة التغيير والإصلاح، بقي المجلس معطلاً وذلك لعدة أسباب منها:

أ. منع السلطة الفلسطينية في رام الله نواب حركة حماس في الضفة الغربية من الدخول إلى المجلس التشريعي، ومشاركة نظرائهم في غزة في جلسة المجلس، وعلى رأسهم رئيس المجلس عزيز دويك، وأمين سره محمود الرمحي.

ب. استمرار اختطاف 13 نائباً من حركة حماس، مما أفقد الحركة القدرة على عقد جلسة للمجلس بالنصاب القانوني، فالحركة مازالت بحاجة إلى الإفراج عن نائبين لبلوغ الجلسة النصاب، حيث يبلغ عدد النواب الذين هم خارج السجون 61 نائباً من حماس بالإضافة إلى أربعة نواب فازوا على قوائم الحركة.

ج. طعن كتلة فتح النيابية بشرعية هيئة مكتب المجلس، وبالتالي اعتبار دعوة دويك لعقد جلسة للمجلس دعوة غير شرعية.

د. عدم تجاوب بقية الكتل النيابية مع دعوة رئيس المجلس التي دعا إليها فور خروجه من السجن، بحجة عدم تشجيع الانقسام.

4. المراسيم الرئاسية والمجلس التشريعي:

تعامل رئيس السلطة الفلسطينية محمود عباس مع سيطرة حماس على قطاع غزة في منتصف حزيران/ يونيو 2007 بتصعيد مماثل لما جرى في القطاع، وحاول إخراج حركة حماس من إطار الشرعية الفلسطينية، وسعى إلى تجاهل وتجاوز المجلس التشريعي الفلسطيني. ولجأ إلى منظمة التحرير الفلسطينية ومؤسساتها، حيث عقدت اللجنة التنفيذية للمنظمة اجتماعاً طارئاً في 2007/6/15، وأقرت عدة توصيات وضعتها تحت تصرف الرئيس عباس ليبت بها وهي: إقالة حكومة إسماعيل هنية، وإعلان حالة الطوارئ، وتشكيل حكومة إنفاذ حالة الطوارئ، وإجراء انتخابات مبكرة[115].

42

وتبنى عباس هذه التوصيات وأمر بتنفيذها بموجب ثلاثة مراسيم، وأصبح إصدار المراسيم منذ تلك اللحظة الوسيلة الأساسية التي استخدمها عباس، من أجل تجاوز المؤسسات الشرعية، وبحجة وجود حالة الطوارئ. وأسندت مهمة تشكيل حكومة الطوارئ الجديدة إلى سلام فياض[116]. وتجدر الإشارة هنا إلى أنه وحسب النظام الأساسي (الدستور)، فإن إقالة حكومة هنية، يحولها فوراً إلى حكومة تسيير أعمال، ولكن رئاسة السلطة تجاوزت ذلك مستندة إلى إعلان حالة الطوارئ.

وتلا مرحلة الحسم وإعلان الطوارئ، إجراءات اتخذت من سلطتي رام الله وغزة، أسهمت في تعميق الشرخ بين الفريقين. وأصدر عباس مرسوماً ألغى فقرة في القانون تتطلب موافقة المجلس التشريعي على أية تعيينات وزارية، وأعلن تعليق العمل بالمادة 79 من القانون الأساسي المعدل لسنة 2003[117]. وجاء تعليق العمل بهذه المادة، من أجل منح أعضاء حكومة الطوارئ التي شكلها عباس العمل بشكل دستوري، دون الحاجة لثقة التشريعي، خاصة وأن البند الرابع من المادة، أشار إلى أنه لا يجوز لرئيس الوزراء ولا أي وزير ممارسة مهامه دون الحصول على ثقة التشريعي[118].

وقال الخبيران القانونيان القاضي يوجين قطران والمحامي أنيس القاسم، اللذان وضعا القانون الأساسي الفلسطيني، إن هذا القانون لا يمنح الرئيس عباس حق تعيين حكومة جديدة من دون موافقة تشريعية، ولا تمنحه حق تعطيل مواد في القانون الأساسي. وقال المحاميان إن القانون الأساسي ينص على بقاء حكومة هنية لتصريف الأعمال، إلى حين حصول عباس على موافقة برلمانية على الحكومة الجديدة. وذكر القاسم أن القانون الأساسي لا يتضمن أي بنود خاصة بحكومة طوارئ. وأشار قطران إلى أن وجود حالة طوارئ لا يعني أن بإمكان الرئيس تشكيل حكومة طوارئ، وإن الحكم من خلال مراسيم لا يعني أن من حق الرئيس تعطيل أو تغيير الدستور[119].

وسعى عباس إلى السيطرة على المجلس التشريعي، مستغلاً اعتقال "إسرائيل" نواب حماس، حيث دعا في مرسوم رئاسي إلى عقد جلسة للتشريعي لبدء دورة برلمانية

جديدة، كان يفترض فيها انتخاب هيئة رئاسية جديدة للبرلمان. لكن حماس اعتبرت دعوة عباس غير قانونية، وأنها تعد "تدخلاً سافراً في شؤون المجلس التشريعي"[120].

وفي 2007/7/18 اجتمع المجلس المركزي لمنظمة التحرير، ودعا عباس خلال كلمته المجلس إلى إصدار المراسيم الضرورية لإجراء انتخابات رئاسية وتشريعية مبكرة، على أساس القائمة النسبية[121]. وحصل عباس في 2007/7/19 على تفويض من المركزي لإجراء انتخابات مبكرة[122].

وردّ النائب عن حركة حماس في التشريعي محمود الزهار على خطاب عباس، وهدد بإفشال الانتخابات المبكرة قائلاً: "إن الشعب الفلسطيني لن يقبل بأن تجري انتخابات مبكرة هدفها الالتفاف على الشرعية الفلسطينية"[123].

وأصدر عباس في بداية أيلول/ سبتمبر 2007 مرسوماً رئاسياً جديداً عدّل بموجبه قانون الانتخابات وأبرز ما جاء فيه اشتراطه في المادة 45 في الباب السادس، وضمن شروط الترشح لعضوية المجلس، أن يلتزم المرشح بمنظمة التحرير الفلسطينية، باعتبارها الممثل الشرعي والوحيد للشعب الفلسطيني، وبوثيقة إعلان الاستقلال، وبأحكام القانون الأساسي[124]، وهو الأمر الذي انتقده رئيس المجلس التشريعي بالإنابة أحمد بحر، إذ رأى أنه "ينطوي على تمييز واضح وصريح بين الفلسطينيين بسبب الرأي السياسي، في ممارسة حقهم الدستوري بالمشاركة في الحياة السياسية والانتخابات العامة". كما أنه وبحسب بحر، يعطي اعترافاً مجانياً لـ"إسرائيل"[125].

وحول إمكانية حل التشريعي بحجّة أنّه معطل؛ وإمكانية أن يقوم المجلس المركزي الفلسطيني بأخذ دور التشريعي في إقرار القوانين، قال عمر البرش، وكيل وزارة العدل في حكومة هنية، إن تعديل أحكام القانون الأساسي الفلسطيني لا يتم إلا بموافقة أغلبية ثلثي أعضاء المجلس، وإن "التشريعي في حالة انعقاد حسب النظام الداخلي والقانون، وعلى الرغم من محاولات إفشال منظمة لجلساته"[126].

وفي 2009/10/23 أصدر الرئيس عباس مرسوماً رئاسياً، يدعو فيه الشعب الفلسطيني في القدس والضفة الغربية وقطاع غزة لانتخابات عامة رئاسية وتشريعية حرة ومباشرة في 2010/1/24[127]. وانتقد عزيز دويك رئيس المجلس التشريعي الفلسطيني المرسوم، مؤكداً أنه يحتاج إلى مصادقة التشريعي، "خصوصاً أن 110 نواب متواجدون وهناك أغلبية برلمانية لعقد أية جلسة برلمانية"[128]. وأكد النائب الأول لرئيس المجلس التشريعي أحمد بحر أن المجلس الحالي سيستمر في ممارسة مهامه كافة، إلى أن يؤدي مجلس منتخب جديد اليمين القانونية[129].

وقرَّر المجلس المركزي لمنظمة التحرير في 2009/12/16 تمديد ولايتي رئيس السلطة الفلسطينية والمجلس التشريعي، إلى حين إجراء انتخابات رئاسية وتشريعية جديدة[130]. وقد وصف دويك قرار التمديد بأنه "إعطاء من لا يملك صلاحية دستورية، حيث إنه معطل منذ عشر سنوات، لمن انتهت ولايته منذ 9 كانون الثاني/ يناير 2009"، في إشارةٍ إلى الرئيس عباس[131]. وفي 2010/1/24 أعلن عزيز دويك استمرار الولاية الدستورية والقانونية للمجلس التشريعي، وقال: "إن استمرار ولاية التشريعي هي استحقاق دستوري مؤكد عليه في نص المادة (47) من القانون الأساسي المعدل"[132].

وبسبب الانقسام الفلسطيني لم يتمكن المجلس التشريعي في 2010/3/1 من عقد جلسة طارئة، دعا إليها رئيس المجلس عزيز دويك من أجل بدء المصالحة الوطنية ومناقشة اعتداءات الاحتلال الإسرائيلي على المقدسات الإسلامية. وحضر نواب كتلة الإصلاح والتغيير في الضفة الغربية وعددهم 34 إلى مقر المجلس، بينما لم يحضر أي نائب من الكتل الأخرى. وقال دويك: "وصلنا إلى قاعة اجتماعات اللجان إلا أننا فوجئنا بأن القاعة مغلقة، وأن الأوامر لدى الموظفين [تقضي] بعدم فتحها لعقد جلسة للمجلس". وأشار إلى أن هذا التطور يجعل الجميع يعرفون من هي الجهة التي ترفض المصالحة الوطنية[133].

وقوبلت تلك الخطوة برفض قاطع من حركة فتح، والتي قال رئيس كتلتها النيابية عزام الأحمد، إن دويك لا يملك الصلاحية للدعوة لمثل هذه الجلسة الطارئة، وإنه

يتآمر على القانون[134]. واتهمت كتلة فتح حركة حماس باستغلال موضوع القدس لفبركة إعلامية هدفها تجديد "الانقلاب" الذي نفذته في غزة، وتكراره في المؤسسة التشريعية[135].

أما خالدة جرار، النائب عن الجبهة الشعبية، فقالت: "نحن نرى أنه كان من الأجدى أن تقوم الكتل البرلمانية، وبالتوافق، بدعوة الرئيس لافتتاح دورة برلمانية عادية، حتى يتنسى عقد انتخابات تشريعية جديدة، وهذا ما سنقوم بالعمل عليه قريباً.. لا يمكن عقد جلسة إلا بالتوافق". وقال النائب بسام الصالحي، أمين عام حزب الشعب الفلسطيني: "لم نشارك في الجلسة لاقتناعنا بأنها ليست قانونية"، وذكر أن "المجلس التشريعي وبعد مرور أربع سنوات على انتخابه فقد شرعيته الشعبية، وبالتالي يجب أن يتركز عمله على الإعداد لانتخابات تشريعية ورئاسية جديدة"[136].

ومن هنا كلف عزيز دويك في 2010/3/3 أحمد بحر، النائب الأول له بمهام رئاسة المجلس، وتسيير جلساته[137]. وبناء عليه عقد المجلس التشريعي في 2010/3/3، بطلب من بحر، جلسة طارئة لمناقشة الاعتداءات الإسرائيلية الأخيرة على المقدسات وبحث ملف المصالحة[138].

رابعاً: الانقسام الفلسطيني وتأثيره على المجلس التشريعي

1. الانقسام الفلسطيني وتأثيره على دور وفاعلية المجلس:

في أعقاب سيطرة حركة حماس على قطاع غزة، كلف الرئيس محمود عباس سلام فياض تروؤس "حكومة إنفاذ حال الطوارئ". وجاء تكليف فياض بعد أن أصدر الرئيس عباس مرسوماً بإقالة رئيس حكومة الوحدة الوطنية إسماعيل هنية، وإعلان حال الطوارئ في مرسوم ثانٍ، وتشكيل حكومة إنفاذ حال الطوارئ في مرسوم ثالث[139].

يُذكر أن المادة 45 من الباب الثالث من القانون الأساسي تنص على أن "يختار رئيس السلطة الفلسطينية رئيس الوزراء، ويكلفه تشكيل حكومته وله أن يقيله أو يقبل استقالته، وله أن يطلب منه دعوة مجلس الوزراء للانعقاد". ويحظر القانون الأساسي تأدية رئيس الوزراء والوزراء أي عمل قبل الحصول على ثقة المجلس التشريعي. وفي حال أقال الرئيس الحكومة، وهذا من حقه دستورياً، فتتحول الحكومة نفسها إلى حكومة تصريف أعمال، وهو الأمر الذي لم يفعله الرئيس عباس، وإنما لجأ إلى إجراء آخر، تمثل في تشكيل حكومة إنفاذ حال الطوارئ.

ويتناول الباب السابع من القانون الأساسي "أحكام حال الطوارئ". ويتألف هذا الباب من خمس مواد تتحدث جميعها عن أحكام حال الطوارئ، ولا يوجد بينها أي نص يتعلق بتشكيل حكومة "إنفاذ حالة الطوارئ". وينص البند 1 من المادة 110 من القانون، على أنه "عند وجود تهديد للأمن القومي بسبب حرب أو غزو أو عصيان مسلح أو حدوث كارثة طبيعية، يجوز إعلان حال الطوارئ بمرسوم من رئيس السلطة الوطنية لمدة لا تزيد عن ثلاثين يوماً". فيما ينص البند 2 من المادة نفسها، على أنه "يجوز تمديد حال الطوارئ لمدة ثلاثين يوماً أخرى بعد موافقة المجلس التشريعي الفلسطيني بأغلبية ثلثي أعضائه"[140].

وأيد المجلس المركزي الفلسطيني في 2007/6/22 قرارات عباس، فيما يتعلق بإعلان حالة الطوارئ، وتشكيل حكومة جديدة برئاسة سلام فياض. ودعا إلى توفير أفضل الظروف لإجراء الانتخابات الرئاسية والتشريعية وفق قانون التمثيل النسبي الكامل في أقرب فرصة ممكنة، مطالباً بتشكيل لجنة لمحاكمة من وصفهم بـ"الانقلابيين على الشرعية"[141].

وصرح النائب عن حركة فتح عيسى قراقع، أن حركة حماس فقدت شرعيتها الانتخابية، وانقلبت على الدستور والنظام السياسي الفلسطيني، من خلال الأعمال التي نفذتها في قطاع غزة بشكل غير مسبوق. وأشار إلى أن حكومة الطوارئ هي حكومة إنقاذ وطني لا داعي لعرضها على المجلس التشريعي للمصادقة عليها، باعتبار أن القانون الأساسي قد تم انتهاكه بشكل فظيع من قبل حركة حماس، التي تحولت إلى حركة خارجة عن الدستور والنظام الفلسطيني[142].

من جانبه، دعا رئيس المجلس التشريعي الفلسطيني عزيز دويك وأعضاء المجلس المعتقلين، في 2007/7/8، الرئيس عباس ورئيس الوزراء إسماعيل هنية إلى وقف السجال السياسي والعودة إلى طاولة الحوار فوراً. وقال دويك "إن الحوار الفلسطيني – الفلسطيني هو الحل والمخرج الوحيد لحالة الاحتقان والتوتر"[143].

وأكد رئيس المجلس التشريعي الفلسطيني بالإنابة أحمد بحر على أن تعليق الرئيس عباس العمل بأحكام المواد 65، و66، و67 من القانون الأساسي المعدل لسنة 2003 يمثل سابقة هي الأخطر من نوعها في تاريخ العمل التشريعي في عهد السلطة الفلسطينية، وذلك لأنه كفيل بأن يؤدي إلى انهيار كامل النظام الدستوري الفلسطيني. وأوضح أن رئيس السلطة يعتقد أنه يستند في مرسومه هذا إلى أحكام نص المادة 113 من القانون الأساسي المعدل، الواردة في الباب السابع، والتي جاءت على النحو التالي: "لا يجوز حل المجلس التشريعي الفلسطيني أو تعطيله خلال فترة حالة الطوارئ أو تعليق أحكام هذا الباب"[144]. وكشف بحر أنّ المسؤولين الفلسطينيين في رام الله قد قطعوا مكافآت 21 نائباً من قائمة "التغيير والإصلاح"،

48

واصفاً ذلك بأنه "خطوة غريبة ومستهجنة"، وذكر أنّ قرار قطع الرواتب مسّ أيضاً 36 موظفاً من موظفي المجلس التشريعي بغزة، لأنهم يقومون بواجبهم ويحافظون على الدوام الرسمي [145].

وأكدت كتلة التغيير والإصلاح النيابية التابعة لحركة حماس، في بيان لها، أن أحمد بحر هو رئيس المجلس التشريعي بالإنابة، حسب القانون، إلى أن يتم الإفراج عن عزيز دويك من السجون الإسرائيلية. وطالبت الكتلة بعدم عودة إبراهيم خريشة إلى مزاولة عمله في منصبه كأمين عام للمجلس التشريعي [146]. إلا أن إبراهيم خريشة أكد أن منصب الأمين العام للمجلس جاء بقوة القانون الذي أقرته المحكمة الدستورية في 2006/12/19، وليس بإرادة نائب أو كتلة، مضيفاً أن تصريحات كتلة التغيير والإصلاح "شعوذة" جديدة. وأشار إلى أن "بحر لم يعد منذ 2007/7/11 يمثل إلا نفسه، ولا صلاحية له للتحدث باسم المجلس التشريعي"، مؤكداً أن بحر سيقدم للمساءلة في حال انعقاد المجلس التشريعي لمنعه نواب كتلة فتح من افتتاح الدورة الثانية للمجلس. وطالب خريشة برفع الحصانة البرلمانية عن بحر [147].

وكان المجلس التشريعي قد فشل في عقد اجتماع له في 2007/7/5، بدعوة من أحمد بحر، مما دعا الرئيس عباس إلى إصدار مرسوم رئاسي حدد فيه 2007/7/11 موعداً لبدء دورة جديدة للمجلس. ونص المرسوم على إجراء انتخابات هيئة مكتب المجلس بالاقتراع السري قبل إجراء أي مناقشة لأي موضوع على جدول الأعمال. وبرر رئيس كتلة فتح البرلمانية عزام الأحمد، بأن الفترة الأولى في الدورة الأولى من المجلس التشريعي التي بدأت في 2007/3/5، انتهت في 2007/7/5، ووصف الأحمد "دعوة حماس" لعقد المجلس بـ"غير القانونية" [148].

وحمّل بحر كتلة فتح البرلمانية مسؤولية فشل جلسة 2007/7/5، وأشار إلى أن الأمر وصل إلى حد إطلاق النار على الشخص الذي يدير الفيديو كونفرانس. وأكد على أنه لا يوجد نص في القانون الأساسي يخوّل الرئيس عباس عقد دورة جديدة

للتشريعي، وعدّ بحر مراسيم الرئيس عباس غير قانونية، مؤكداً أن تعليق جلسة التشريعي من حق المجلس. كما أقر بحر افتتاح دورة غير عادية للمجلس، عملاً بأحكام نص المادة 16[149].

وبعد تشكيل حكومة تصريف الأعمال برئاسة سلام فياض، في منتصف تموز/ يوليو 2007، قررت كتلة حماس البرلمانية عدم منح الحكومة الثقة[150]. إلا أن الجلسة التي دعا إليها أحمد بحر في 2007/7/22، لم تُعقد بسبب إخفاق المجلس التشريعي في تحقيق النصاب القانوني المطلوب لعقد الجلسة، و لم يحضر الجلسة سوى 33 نائباً، وذكر بحر أن رئيس الحكومة، المطلوب التصويت عليها بالثقة، سلام فياض لم يحضر الجلسة، مشيراً إلى أن فياض كان موجوداً في أروقة المجلس. وعلق فياض بأن "المجلس فشل في عقد جلسة لمناقشة بيان الحكومة والاستماع لبرنامجها"[151].

وفي أعقاب ذلك، قدم بحر مرافعة قانونية استعرض فيها تطورات الأحداث والمراسيم التي أصدرها الرئيس عباس خلال الأسابيع الأخيرة، التي أعقبت سيطرة حماس على غزة. وطالب بحر الرئيس عباس بأن يستبدل فياض بمكلف آخر لرئاسة الحكومة خلال أسبوعين، بعدما رأى أن "حكومة فياض منتهية دستورياً" بسبب عدم حصولها على الثقة من المجلس التشريعي. وأضاف بحر أن "حكومة إنفاذ حال الطوارئ غير موجودة أساساً من الناحية الدستورية، ولا يعترف بها القانون الأساسي المعدل في أي نص من نصوصه الدستورية على الإطلاق"[152].

وأكد النائب الثاني لرئيس المجلس التشريعي حسن خريشة أن أحداً لا يستطيع فرض أي قانون على المجلس التشريعي، وإنما من حق المجلس نفسه فرض القوانين "كونه سيد نفسه"، مشيراً إلى أن التشريعي هو الإطار القانوني الوحيد في الساحة الفلسطينية. وأضاف خريشة، تعقيباً على قرار الرئيس عباس باعتماد التمثيل النسبي الكامل (القوائم) أسلوباً لانتخابات مؤسسات منظمة التحرير والمجلس الوطني والمجلس التشريعي والمنظمات الشعبية، إن "الرئيس لا يستطيع لا هو، ولا غيره فرض

القوانين على المجلس"، مؤكداً أن قرار عباس لا ينطبق على المجلس التشريعي، "لأن المجلس ليس من مؤسسات منظمة التحرير الفلسطينية"[153].

وفي 2007/9/3 رد أحمد بحر على القرار الذي أصدره الرئيس عباس في 2007/9/2، ونص على إجراء الانتخابات التشريعية المقبلة على أساس نظام التمثيل النسبي الكامل (القوائم)، باعتبار الضفة الغربية وقطاع غزة دائرة انتخابية واحدة؛ وعدّ هذا القرار تجاوزاً للقَسَم الدستوري لرئيس السلطة الوطنية، الوارد في المادة 35 من القانون الأساسي المعدل، والذي تعهد بموجبه باحترام النظام الدستوري والقانون، مؤكداً أن الرئيس الفلسطيني تخطى الصلاحيات الدستورية الحصرية المخولة له بموجب أحكام نصوص مادتي 38 و63 من القانون الأساسي المعدل، وسلب صلاحيات دستورية للمجلس التشريعي كونه السلطة التشريعية المنتخبة، بتأكيد نص المادة 47 من القانون الأساسي المعدل[154].

وعدّت الجبهة الشعبية لتحرير فلسطين، في بيان لها، في 2007/9/3، إقرار مبدأ التمثيل النسبي كناظم للانتخابات في كل أطر وهيئات العمل الوطني، تعزيزاً لمبدأ الديموقراطية والتعددية السياسية والاجتماعية، ومانعاً للتفرد والهيمنة. وكذلك رحبت كل من الجبهة العربية الفلسطينية، وحزب الشعب الفلسطيني بمبدأ القانون النسبي[155].

وأكد رئيس المجلس التشريعي المعتقل في السجون الإسرائيلية، عزيز دويك، أنه: "بالنظر للنظام الأساسي الفلسطيني المعدّل لعام 2003؛ فإنّ المجلس التشريعي هو صاحب الصلاحية في كل شأن يتعلق بالأراضي الفلسطينية المحتلة، ولا يمكن لأي جسم أن يكون بديلاً عن الجسم الآخر، وبخاصة ما يتعلق بمجموعة الأنظمة والقوانين المنصوص عليها صراحة في القانون الأساسي والنظام الداخلي للمجلس التشريعي، أما الإجراءات المخالفة لهذا القانون، فهي غير قانونية إلاّ إذا استكملت شروط تعديل القانون بطريقة قانونية، وبموافقة ثلث أعضاء المجلس التشريعي، وهذا ما لم يتم إلى الآن"[156].

وللخروج من عبء اعتقال "إسرائيل" لنواب من التشريعي وغالبيتهم من حماس، وتأثير ذلك على اكتمال نصاب جلسات التشريعي، أعلنت كتلة حماس اعتزامها القيام بعقد جلسة كاملة النصاب للمجلس، عبر تأمين نصاب بالحصول على توكيلات من نواب المعتقلين. وقال أحمد بحر "لا قانون يمنع توكيل النواب المعتقلين لنظرائهم في المجلس، وأن خصوصية الأمر والظروف الاستثنائية وإصرار الاحتلال على عملية اعتقاله للنواب بهدف تعطيل عمل المجلس التشريعي، وكذلك ذهاب الاحتلال لرفع محكوميات النواب، أمر أدى إلى توكيل النواب الباقين عن زملائهم المعتقلين"[157].

إلا أن كتلة فتح البرلمانية أعلنت أن عملية حصول كتلة حماس في التشريعي على توكيلات من النواب الأسرى في السجون الإسرائيلية "غير قانونية وهي محاولة للانقلاب على القانون". فيما رأى النائب عن كتلة الشهيد أبو علي مصطفى جميل المجدلاوي أن عمل المجلس التشريعي محكوم بمرجعين، الأول القانون الأساسي والثاني النظام الداخلي للمجلس، ولا يوجد في أي من هذين المرجعين ما يجيز الإنابة من قبل نائب لنائب آخر. وأكد النائب قيس عبد الكريم (أبو ليلى)، عضو كتلة البديل عن الجبهة الديموقراطية، بأن توكيلات النواب هي سابقة دستورية وقانونية غير شرعية. وقال النائب عن حزب الشعب في كتلة البديل بسام الصالحي: "لا يوجد ما يسمى تفويضاً بحق النائب في التصويت، وهذا التغيير يعني إضفاء صفة شكلية على الدور الخاص للنائب، وعلى حق المساءلة له عن قراراته من قبل جمهور ناخبيه". وأكد على أن ذلك سيعمل على تعقيد إمكانية معالجة الانقسام بصورة كبيرة جداً[158].

وفي 2008/1/10 اتهم أحمد بحر قيادة السلطة في رام الله بالسعي لافتعال مشاكل قانونية من خلال عقد جلسة للمجلس المركزي الفلسطيني، موضحاً أن "المركزي يعيش حالة موت سريري"، محذراً في الوقت ذاته من مغبة الدعوة لانتخابات مبكرة في الضفة الغربية وقطاع غزة. وأبدى بحر استغرابه لتصريحات النائب عن حركة فتح أكرم الهيموني، حول جدول أعمال المجلس المركزي الذي انعقد في 2008/1/10 في

رام الله، حيث ذكر أن المجلس سيبحث في إمكانية حل المجلس التشريعي. وذكر بحر أنه لا أحد يملك صلاحية حل المجلس التشريعي، لأنه سيد نفسه، مشيراً إلى أن مثل هذه التصريحات تعدّ تطاولاً على المجلس التشريعي [159].

وفي 2008/3/13، أعاد نواب كتلة التغيير والإصلاح انتخاب أعضاء هيئة رئاسة المجلس التشريعي بالتزكية لمدة عام، وذلك خلال انعقاد جلسة بحضور اقتصر على نواب حماس، وأعلن أحمد بحر أنه تم خلال هذه الجلسة، التي تعد الأولى للفترة الأولى من الدورة الثالثة، انتخاب هيئة رئاسة التشريعي بالتزكية لمدة عام، وذلك تماشياً مع القانون الأساسي الذي ينص على أن انتخاب الهيئة إما بالتزكية أو الترشيح. وانتقدت حركة فتح الجلسة ووصفتها بـ"مسرحية هزلية تنفذها حماس لتكريس الانقسام وتعميق الأزمة السياسية في الداخل" [160].

وفي 2008/9/8، اتخذ المجلس التشريعي في جلسة اقتصر الحضور فيها على نواب كتلة التغيير والإصلاح، قراراً بإلغاء القرارات والمراسيم الرئاسية التي صدرت خلال الفترة التي تلت 2007/7/3، بسبب "عدم عرضها على المجلس التشريعي لإقرارها والمصادقة عليها" [161].

تعدّ قضية ولاية الرئيس عباس من القضايا الخلافية الكبيرة بين حركتي فتح وحماس، حيث ترى فتح أن ولاية الرئيس عباس التي بدأت في كانون الثاني/ يناير 2005، تنتهي بإنتهاء ولاية المجلس التشريعي، لكن حماس تؤكد أن ولايته تنتهي بعد أربع سنوات من انتخابه، أي في كانون الثاني/ يناير 2009.

وطالب نواب حماس في 2008/10/6 الرئيس عباس بإصدار مرسوم رئاسي يدعو إلى عقد انتخابات رئاسية في كانون الثاني/ يناير 2009، على اعتبار أن فترة ولاية الرئيس القانونية انتهت، مؤكدين على أنه في حال فشل تنظيم الانتخابات، فسيتقلد رئيس المجلس التشريعي عزيز دويك أو نائبه أحمد بحر منصب رئيس السلطة. ورأى فرج الغول، رئيس اللجنة القانونية في المجلس التشريعي، أن أي تمديد للرئيس عباس

من خلال إنشاء "محكمة دستورية"، أو من خلال التمديد له من قبل مؤسسات منظمة التحرير سيكون "باطلاً"[162]. وأكد فرج الغول أن دويك، يصبح في 2009/1/9، وبقوة القانون الأساسي، رئيساً للسلطة الفلسطينية لحين انتخاب رئيس جديد للسلطة[163].

وكانت سلطات الاحتلال الإسرائيلي قد أفرجت عن رئيس المجلس التشريعي الفلسطيني عزيز دويك في 2009/6/23، ودعا دويك فور الإفراج عنه إلى "تبييض" السجون في قطاع غزة والضفة الغربية من المعتقلين على خلفية فصائلية، وإنهاء الانقسام وتحقيق الوحدة. وأعلن أنه سيعود لممارسة مهام منصبه في الأيام المقبلة[164].

وبرز جدل في الأوساط البرلمانية الفلسطينية بشأن استئناف دويك مهامه رئيساً للمجلس التشريعي. وتركز الخلاف حول نقطتين، الأولى أن يمارس دويك مهمته بصفته رئيساً للمجلس التشريعي، والثانية قدرته وصلاحيته في الدعوة إلى جلسة جديدة للمجلس. وفي الوقت الذي تؤكد فيه حركة فتح أن استئناف دويك لمهامه يتطلب عقد دورة جديدة للمجلس التشريعي، واختيار هيئة رئاسة جديدة، تتمسك حركة حماس صاحبة الأغلبية البرلمانية برئاسة دويك للمجلس[165].

وتفاقمت الأزمة مع إعلان دويك عن استئناف عمله رئيساً للمجلس التشريعي، فجاء الرد سريعاً من الأمين العام للمجلس إبراهيم خريشة، الذي دعا دويك إلى عدم استخدام صفة رئيس المجلس التشريعي. وحسب النائب عن فتح ورئيس المجلس التشريعي الأسبق رفيق النتشة، فإن دويك يكون رئيساً للمجلس عندما تتبع الأشكال القانونية وتفتتح الدورة الجديدة للمجلس من قبل الرئيس عباس[166].

لكن الوزير السابق عن حماس عمر عبد الرازق، أكد أن دويك سيمارس مهامه رئيساً للمجلس، ونفى وجود خلاف بين الكتل البرلمانية حول هذه المسألة، وأكد توافق الجميع بما في ذلك كتلة فتح والرئيس عباس. ورأى أحمد الخالدي، رئيس لجنة صياغة الدستور الفلسطيني سابقاً، أن الرئيس يدعو وفق القانون إلى الدورة الأولى بعد الانتخابات، مؤكداً على أن رئيس المجلس يبقى رئيساً إلى أن تعقد الدورة التالية،

وينتخب المجلس رئيساً جديداً أو يعاد انتخابه. أما النائب المستقل حسن خريشة، فقد أوضح أن الوضع القانوني واضح، ويبقى دويك رئيساً للمجلس إلى حين انتخاب رئاسة جديدة. وأكد على أنه تم الاتفاق بين جميع الكتل البرلمانية، والرئيس عباس، على أن يمارس دويك دوره رئيساً للتشريعي من خلال المجلس نفسه[167].

وأكدت كتلة فتح البرلمانية على لسان رئيسها عزام الأحمد في 2009/7/23 على أن دويك لن يستطيع العودة لممارسة مهامه كرئيس للتشريعي بعد انتهاء الدورة الأولى للمجلس، وعدم عقد الدورة الثانية في 2007/7/11 لانتخاب هيئة رئاسية جديدة للمجلس. وشدد على انتهاء فترة رئاسة المجلس، ومعه هيئة مكتب الرئاسة، وبالتالي أصبحت الهيئة تسير الأمور حتى انتخاب هيئة رئاسة جديدة. وأكد الأحمد على أن كتلة فتح ترحب بأي دور يريد أن يلعبه دويك بأي صفة من صفاته تسهم في إنهاء الانقسام والالتزام بالسلطة الواحدة والقانون الواحد، مؤكداً أنه لا يملك التحرك باسم التشريعي[168].

وبعد إعادة تشكيل سلام فياض حكومة تصريف الأعمال الجديدة في 2009/5/19، أكد نواب في المجلس التشريعي الفلسطيني أن إعادة تشكيل حكومة رام الله المؤقتة كانت من أكبر المشاكل التي زادت من حدة الانقسام الفلسطيني. وقال النائب حسن خريشة، إن حكومة فياض هي حكومة غير شرعية، وأشار إلى أن النواب الذين يمثلون فياض لا يمثلون إلا شريحة 3% من الشعب الفلسطيني. وأكد النائب حامد البيتاوي على أنه "لا يمكن لنا أن نعترف بهذه الحكومة لأنها لا تعتبر حكومة شرعية ما لم تتخذ شرعيتها من البرلمان الفلسطيني"[169].

ورداً على انعقاد اجتماعات المجلس الوطني والمركزي، أكد أحمد بحر على أن هذه الاجتماعات لم تعقد في الآونة الأخيرة "إلا لجلب مزيد من المصائب والويلات على الشعب الفلسطيني، والتفرد بالسلطة، والمس بالحقوق والثوابت الفلسطينية،

وترسيخ الانقسام الفلسطيني، وضرب التجربة الديمقراطية". وأشار إلى أن الاجتماع الذي عُقِد في 2009/8/26 برام الله:

> دليل إضافي على نهج التفرد بالسلطة ومخالفة الإجماع الوطني وترسيخ الانقسام ووأد الحوار الفلسطيني – الفلسطيني، ولقد كنا نتوقع أن يتحدث سليم الزعنون عن تفعيل المجلس التشريعي في رام الله، وأن يدين حركة فتح التي منعت رئيس المجلس التشريعي المنتخب عزيز دويك من دخول المجلس التشريعي حتى هذه اللحظة، ولكن يبدو أن الأجندة الخارجية هي التي تتحكم في تسيير الأمور، وعليه إن جلسة المجلس الوطني المنعقدة بتاريخ 2009/8/26 جلسة باطلة وغير شرعية على الإطلاق، وما تمخض عنها من قرارات أو إجراءات ليس ملزماً لشعبنا بأي حال من الأحوال.

وقال بحر: "إن عدم إجراء الانتخابات في مثل هذه الأحوال لمؤسسات منظمة التحرير، يعني أن هذه المؤسسات لا تستند إلى أيّ أساس قانوني للقول بصحة أيّ عمل أو إجراء يصدر عنها"[170].

وانتقد رئيس المجلس التشريعي عزيز دويك المرسوم الذي أصدره الرئيس عباس بشأن إجراء الانتخابات في 2010/1/24، مؤكداً على أنه يحتاج إلى مصادقة التشريعي، "خصوصاً أن 110 نواب متواجدون، وهناك أغلبية برلمانية لعقد أية جلسة برلمانية"[171]. وشدد دويك على أن هناك جهات متنفذة في القيادة الفلسطينية تمنعه من دخول مكتبه في التشريعي. ورأى دويك أن المرسوم الرئاسي "غير دستوري، لأن المجلس التشريعي قائم وولايته لم تنته". وشدد دويك على أن القيادة الفلسطينية برئاسة عباس "لم تترك بنداً في الدستور الفلسطيني إلا وعبثت به"[172]. وأعلن دويك في 2009/11/10، أنه سيتولى رئاسة السلطة في حال أقدم الرئيس عباس على الاستقالة من منصبه، وقال "الحديث عن الانتخابات وغيرها كلها للأسف قضايا غير دستورية"[173].

وقال النائب الأول لرئيس المجلس التشريعي أحمد بحر: "إن أي انتخابات ستعقد بدون توافق وطني، لن تكون مقبولة من الشعب الفلسطيني"، مؤكداً أنها "ستعمل

على تكريس الانقسام"[174]. وأكد بحر أن المجلس الحالي سيستمر في ممارسة مهامه كافة إلى أن يؤدي مجلس منتخب جديد اليمين القانونية، وفقاً للقانون الأساسي. وجاء رد بحر على تصريحات رئيس المجلس الوطني سليم الزعنون التي قال فيها، إن المجلس المركزي سيتولى صلاحيات المجلس التشريعي بعد 2010/1/24. وقال بحر إن "المجلس لا يخضع للوصاية من أي كان، حتى يقرر مصيره، لا سيّما من قبل مجالس معينة فقدت شرعيتها منذ فترة طويلة"[175].

وانتقدت كتلة حماس البرلمانية في 2009/11/16، الدعوات التي تطالب بإحلال المجلس المركزي لمنظمة التحرير مكان المجلس التشريعي، في حال لم يتم عقد اتفاق لإنهاء الخلاف الداخلي، ووصف الناطق باسمها صلاح البردويل هذه الدعوات بأنها "هرطقة سياسية". وأشار إلى أن ولاية التشريعي واضحة بحكم القانون، وهي أربع سنوات، مؤكداً على أن مهام المجلس التشريعي تنتهي عندما يؤدي أعضاء المجلس الجديد المنتخب القسم الدستوري، واستشهد البردويل بحالة المجلس السابق الذي استمر في عمله عشر سنين[176].

وأشار النائب الثاني لرئيس المجلس التشريعي، حسن خريشة، إلى أن المجلس المركزي بإمكانه تمديد ولاية الرئيس عباس بما ينسجم مع العرف المتبع باعتباره رئيساً للسلطة ورئيساً للمنظمة، لكنه أكد على أنه ليس من صلاحيات المركزي تمديد ولاية المجلس التشريعي، الذي يستمر بأعماله حتى يجري تسليم مهامه للنواب الجدد وفقاً للقانون الأساسي[177].

وفي 2009/12/16 قرر المجلس المركزي لمنظمة التحرير تمديد ولايتي رئيس السلطة محمود عباس والمجلس التشريعي إلى حين إجراء انتخابات رئاسية وتشريعية جديدة[178].

وصف عزيز دويك قرار التمديد بأنه "إعطاء من لا يملك صلاحية دستورية، حيث إنه معطل منذ عشر سنوات، لمن انتهت ولايته منذ 9 كانون الثاني/ يناير 2009"، في

إشارة إلى الرئيس محمود عباس[179]. وأكد دويك على أن "الولاية الدستورية والقانونية للمجلس التشريعي القائم حالياً، مستمرة باعتبار ذلك استحقاقاً دستورياً مؤكداً عليه في نص المادة 47 مكرر من القانون الأساسي المعدل" لسنة 2005 التي تنص على أن "مدة ولاية المجلس التشريعي القائم تنتهي عند أداء أعضاء المجلس الجديد المنتخب اليمين الدستورية"[180].

وأكد عدد من النواب من كتل برلمانية مختلفة أهمية عدم الاستعجال بالذهاب إلى المجلس المركزي ليكون هو مصدر السلطات بدلاً من المجلس التشريعي، وقدموا بعض السيناريوهات التي من الممكن العمل من خلالها لحل الخلاف القائم والأزمة الدستورية المطروحة، قبل الوصول إلى قرار إحالة سلطات المجلس التشريعي إلى المجلس المركزي الذي سيعمق الخلاف، ويزيد من حدة الانقسام القائم جغرافياً وسياسياً على مستوى الوطن الواحد[181].

وقال النائب حسن خريشة، إن "المخرج من كل هذه الأزمة هو تحقيق مصالحة وطنية"، وأكد على أن "ذهاب الرئيس إلى المجلس المركزي يعتبر الورقة الأخيرة لديه". وشدد خريشة على أهمية إجراء انتخابات تشريعية ورئاسية في موعد يتم الاتفاق عليه بين طرفي النزاع، في إطار المصالحة الشاملة، وإن كان ذلك في شهر حزيران/ يونيو 2010 في حال تمت المصالحة وقبول الورقة المصرية[182].

وأشار الناطق الرسمي باسم كتلة التغيير والإصلاح البرلمانية صلاح البردويل، إلى أن "المجلس التشريعي استمد شرعيته من الشعب الفلسطيني مباشرة وليس عبر أي وسيط، وبالتالي، فالذي يستطيع أن ينهي فترة عمل المجلس التشريعي هو الشعب الفلسطيني حينما ينتخب مجلساً تشريعياً جديداً ليحل محل المجلس الحالي". وأضاف البردويل، "إن ما يسمى بالمجلس المركزي الفلسطيني مؤسسة منتهية الصلاحية وغير شرعية، ولا تمثل خيار الشعب الفلسطيني، وبالتالي فهي غير مخولة بالتصرف بإرادة الشعب الفلسطيني وخياراته"[183].

وكانت اللجنة المركزية الفلسطينية للانتخابات رفعت توصية للرئيس عباس، بينت فيها استحالة إجراء الانتخابات في كانون الثاني/ يناير 2010[184]. وقال فريد طعم الله، المسؤول في اللجنة، إن إجراء انتخابات فلسطينية جديدة للرئاسة أو المجلس التشريعي، بات معطلاً وإلى أجل غير مسمى لأسباب سياسية[185].

واتهم عزام الأحمد، رئيس كتلة فتح البرلمانية، حركة حماس بتعمد تعطيل المصالحة الفلسطينية رغبة منها في التمسك بحكمها لقطاع غزة وفي التهرب من الانتخابات "التي يكون الحكم المباشر فيها الشعب الفلسطيني"[186].

في 2010/1/25 أعلنت كتلة فتح البرلمانية رفضها دعوة رئيس المجلس عزيز دويك لعقد جلسة جديدة للتشريعي؛ وقال عزام الأحمد: "إنه حسب القانون الفلسطيني فإن الرئيس محمود عباس وحده هو المخوَّل بدعوة المجلس التشريعي للانعقاد". وأشار إلى أن "ولاية دويك وهيئة مكتب رئاسة المجلس انتهت منذ 2007/7/11".

كما أعلن دويك استمرار ولاية المجلس التشريعي بعد 2010/1/25؛ حيث تنتهي الفترة القانونية للبرلمان المنتخب منذ كانون الثاني/ يناير 2006، وشدد على استمرار الولاية الدستورية والقانونية للمجلس التشريعي القائم حالياً، باعتبارها استحقاقاً دستورياً، مؤكداً عليه في نصّ المادة 47 من القانون الأساس الفلسطيني المعدل[187].

وأشار محمود الرمحي، إلى أن حركة حماس ليست وحدها "من يقول باستمرارية شرعية التشريعي، فكتلة فتح البرلمانية أكدت ذلك في بيان لها، ولكن لأسباب مختلفة تماماً تتلخص في أن أعضاء تلك الكتلة لا يريدون أن يخسروا ما يمثل الحصن الأخير بالنسبة لهم، بعد أن فشلوا في الحصول على كرسي ما داخل اللجنة المركزية لحركة فتح، أو حتى مجلسها الثوري، أما نحن فلا نستمد شرعيتنا من الرئاسة الفلسطينية، أو من المجلس الوطني، بل من الشعب الذي انتخبنا ووضع ثقته فينا"[188].

إلا أن النائب عن حركة فتح فيصل أبو شهلا، شكك بشرعية المجلس التشريعي بعد 2010/1/25، واعتبر أن التمديد لعمل البرلمان من قبل المجلس المركزي لمنظمة التحرير

غير قانوني. وأضاف أنا شخصياً أشعر أنه بعد 2010/1/25 ستكون شرعيتي كنائب في البرلمان منتقصة، ومشكوكاً فيها[189].

ومن الأمور التي أسهمت في زيادة الانقسام وتأثيره على أداء المجلس التشريعي، الاعتداء على أعضاء المجلس، حيث اتهمت حركة حماس حركة فتح بالاعتداء على نوابها في الضفة الغربية، وانتهاك حصانتهم البرلمانية. ووثق المكتب الإعلامي لحماس على مدار ثلاث سنوات أكثر من 400 انتهاك بحق النواب، وكان اعتقال الأقارب من الدرجة الأولى والثانية هو الأبرز، والاعتداء على حريتهم بالتنقل والاتصال وممارسة العمل بالمرتبة الثانية[190].

وأشار عزيز دويك، رئيس المجلس التشريعي، في 2009/12/1 إلى أن الاعتداءات من قبل أجهزة عباس بحق نواب حماس في الضفة مستمرة ومتصاعدة، وطالب أن يتم وقف "المعتدين عند حدهم"[191].

وقالت النائب عن محافظة الخليل سميرة الحلايقة إن أجهزة السلطة في الضفة مارست ضغوطاً عدة على النواب من مختلف الجهات لثنيهم عن أداء مهامهم، وتنوعت بين الضغوط على أماكن العمل وأداء الواجب، بالإضافة إلى ممارسات غير قانونية أخرى. ورأى النائب حسن خريشة أن كل ما جرى من انتهاكات بحق النواب، كان سببه الرئيسي تغييب المجلس التشريعي، ما جعل انتهاك حقوق الإنسان سواء النواب أو المواطنين فريسة سهلة وفتح الباب واسعاً لتلك الانتهاكات[192].

ومن أبرز الانتهاكات المباشرة على النواب كانت عملية إطلاق النار على الشيخ حامد البيتاوي، عضو المجلس التشريعي عن حماس، في 2009/4/19، حيث أصيب بشظية رصاصة أطلقها عليه شخص مسلح، بعدما اعترض طريقه عقب خروجه من مسجد في نابلس، واتهم البيتاوي جهاز الأمن الوقائي في نابلس بإشاعة الانفلات الأمني وبمحاولة اغتياله[193].

كما أقدم جهاز الأمن الوقائي في 2009/11/29 على اقتحام منزل النائب عن حماس منى منصور في نابلس، وحاول الاعتداء عليها، وصادر جوالها الشخصي؛ بدعوى أنها قامت بأعمال تصوير في المكان. وذكرت منصور أنها تفاجأت بعناصر من جهاز الوقائي يقتحمون سطح منزلها، ويرفعون أسلحتهم في وجهها، ويلقون عليها سيلاً من السباب والشتائم، ويهددون باعتقال نجلها بكر. وأضافت أنها أخبرتهم أنها عضو مجلس تشريعي، إلا أنهم قاموا بشتمها وشتم والدها وشتم حركة حماس[194].

وفي 2010/1/23 قام أفراد من الأجهزة الأمنية في الضفة باعتراض سيارة كان يستقلها النائب عن الخليل محمد أبو جحيشة، حيث احتجزوه هو وعائلته، ومنعوهم من أداء صلاة الجمعة، كما اعتدوا عليهم بالسب والشتم، وتعدى الأمر ذلك حيث قاموا بإطلاق النار في الهواء[195].

2. المجلس التشريعي وملف المصالحة الداخلية:

ركز الحوار الوطني الفلسطيني، الذي بدأ في القاهرة في 2009/2/26، على معالجة كافة القضايا التي نجمت عن حالة الانقسام الفلسطيني، وذلك من خلال حوار شامل شاركت فيه كافة الفصائل والتنظيمات والقوى المستقلة خلال الفترة 10-2009/3/19، حيث تمّ تشكيل خمس لجان رئيسية هي: المصالحة والحكومة والأمن والانتخابات والمنظمة، بالإضافة إلى لجنة التوجيه العليا التي تشكلت من الأمناء العامين للتنظيمات أو نوابهم، وقد عملت هذه اللجان بشكل مكثف ومتواصل خلال الفترة المذكورة، بمشاركة مصرية فاعلة وناقشت كافة القضايا الرئيسية وتفصيلاتها، ثم تمّ خلال الفترة الممتدة من نيسان/ أبريل وحتى تموز/ يوليو 2009 عقد ست جولات حوار ثنائي في القاهرة بين حركتي فتح وحماس[196].

وبحسب الورقة المصرية، فقد تمّ التوصل خلال أعمال اللجان الخمس وجولات الحوار الثنائية، إلى الاتفاق على العديد من المبادئ والقضايا لتكون هي الأساس الذي

ستبنى عليه وثيقة القاهرة للوفاق والمصالحة لسنة 2009، ويمكن تحديد ما تمّ التوصل إليه فيما يخص لجنة الانتخابات فيما يلي[197]:

أ. إجراء الانتخابات الرئاسية والتشريعية في جميع مناطق السلطة الفلسطينية بما فيها القدس.

ب. تحديد آلية الرقابة على الانتخابات وتشكيل محكمة الانتخابات وفقاً لأحكام القانون.

ج. تحديد موعد الانتخابات الرئاسية والتشريعية والمجلس الوطني، بحيث تجرى متزامنة بما لا يتجاوز 2010/1/25.

د. تشكيل اللجنة المركزية للانتخابات.

هـ. توفير الضمانات اللازمة لإجراء وإنجاح الانتخابات في توقيتاتها.

وتمّ التوصل إلى إسناد مهمة الإعداد للانتخابات الرئاسية والتشريعية إلى الحكومة الانتقالية الجديدة، وهي حكومة توافق وطني انتقالية مؤقتة، تنتهي ولايتها بانتهاء ولاية المجلس التشريعي، وإجراء الانتخابات، وتشكيل الحكومة الجديدة.

وبنيت الرؤية المصرية لحل القضايا الخلافية بما يخص قضية الانتخابات على أن[198]:

أ. تُجرى الانتخابات التشريعية والرئاسية والمجلس الوطني الفلسطيني، في توقيتات يُتفق عليها في النصف الأول من سنة 2010، ويلتزم الجميع بذلك.

ب. تُجرى انتخابات المجلس الوطني الفلسطيني على أساس التمثيل النسبي الكامل في الضفة الغربية وقطاع غزة والخارج حيثما أمكن، بينما تُجرى الانتخابات التشريعية على أساس النظام المختلط.

ج. تتم الانتخابات التشريعية وفقاً للنظام المختلط على النحو التالي:

- 75% (قوائم).
- 25% (دوائر).
- نسبة الحسم 2%.
- تقسيم الضفة الغربية وغزة إلى 16 دائرة انتخابية (11 دائرة في الضفة و5 دوائر في غزة).

د. تُجرى الانتخابات تحت إشراف عربي ودولي.

وبعد أن أصدر الرئيس محمود عباس مرسوماً رئاسياً يحدد فيه 2010/1/24 موعداً لإجراء الانتخابات التشريعية والرئاسية، بعثت حركة حماس مذكرة خطية إلى حكومات الدول العربية والإسلامية تشرح فيها موقفها من المصالحة الفلسطينية وإجراء الانتخابات، وتجدد التمسك بالمصالحة. واستعرضت المذكرة مراحل الحوار الفلسطيني "على قاعدة الإصرار على تحقيق المصالحة أولاً، ثم إجراء الانتخابات في ظلها وليس العكس"، ثم تسلم ورقة جديدة معنونة بـ"اتفاقية الوفاق الوطني الفلسطيني، القاهرة 2009"، بغرض دراستها وإبلاغ مصر بموقف الحركة منها[199].

وأضافت المذكرة، أن حماس طلبت إرسال وفد إلى القاهرة بعد التصويت على تقرير غولدستون لتقديم ملاحظاتها على الورقة المصرية، "فوجئنا بأن الإخوة في مصر يرفضون مبدأ إجراء أي تعديل على الورقة، على رغم تأكيدنا لهم أن الحركة ملتزمة كل ما تم الاتفاق عليه خلال جولات الحوار". ثم ذكرت المذكرة مثالين يتعلق الأول بموضوع منظمة التحرير، والثاني يتعلق بالانتخابات. وبخصوص الانتخابات أشارت المذكرة إلى أن الورقة تضمنت "عملاً بما جاء في قانون الانتخابات يقوم الرئيس الفلسطيني بتشكيل لجنة الانتخابات بناء على المشاورات التي يقوم بها وعلى تنسيب القوى السياسية والشخصيات الوطنية"، قبل أن تشير إلى أن "ما تم الاتفاق عليه سابقاً

هو: أن تشكيل لجنة الانتخابات يتم بالتوافق الوطني وليس بالتشاور والتنسيب، الأمر الذي أضعف النص، وأضعف ضمانات النزاهة لأي انتخابات مقبلة، ولا نستطيع الموافقة على الورقة من دون تعديل على هذه الفقرة.بما يضمن حق الجميع في المشاركة في ترتيبات العملية الانتخابية، خصوصاً تشكيل لجنة الانتخابات بحيث تكون نتائجها ملزمة وغير مشكوك فيها"[200].

وقال موسى أبو مرزوق، نائب رئيس المكتب السياسي لحماس، إن حركته تريد توافقاً وطنياً تعتمد من خلاله على صلاحيات الرئيس بإصدار مرسوم بإجراء الانتخابات الرئاسية والتشريعية واحترامه، مما سيجعلنا لا نخالف ذلك المرسوم. وأشار أبو مرزوق إلى أن المرسوم الرئاسي الذي أصدره عباس "غير دستوري وغير قانوني، دون مصالحة فلسطينية تنهي الانقسام"، مضيفاً أن "التوافق الوطني والمصالحة تعتبران بوابة الانتخابات"[201]. وقال أبو مرزوق إن قطاع غزة لن يشارك في الانتخابات التي أعلن موعدها الرئيس الفلسطيني[202]. وأكد أحمد بحر، النائب الأول لرئيس المجلس التشريعي الفلسطيني، دعمه لاستمرار حوارات المصالحة الفلسطينية من منطلقات الثوابت الفلسطينية، بعيداً عن التدخل الأمريكي والإسرائيلي[203].

واستمر تعثر ملف المصالحة الوطنية؛ بعد توقف المباحثات بشأنها، بسبب رفض مطالب حماس إدخال تعديلات على الورقة المصرية للحوار، حيث أعلن الرئيس عباس رفضه لإجراء أي تعديل على الورقة المصرية، وعدّ ذلك ضماناً لإنهاء الانقسام، وإعادة الوحدة للوطن ومؤسساته، وكمنطلق للحوار الوطني، ولتنفيذ ما ورد فيها خاصة ما يتعلق بإجراء الانتخابات الرئاسية والتشريعية[204].

ومن جهته، أكد رئيس المجلس التشريعي الفلسطيني عزيز دويك، في 2010/2/10، على أن تدخل الأطراف الخارجية يقف حائلاً دون إنجاز المصالحة[205]، كما أكد النائب عن حماس وزير المالية الأسبق، عمر عبد الرازق، على أن الذي يعوق المصالحة هو الفيتو الأمريكي – الصهيوني[206].

وفي 2010/2/4 زار عضو اللجنة المركزية لحركة فتح نبيل شعث قطاع غزة، والتقى قياديين من حماس ورئيس الحكومة إسماعيل هنية لبحث إنجاز ملف المصالحة الوطنية[207]، ورأى دويك أن "الخطوة التي بادر بها إخواننا في قطاع غزة بالسماح للدكتور نبيل شعث بدخول غزة وإعادة عمل فتح التنظيمي فيها، يشكل دليلاً على حرص حماس على تحقيق المصالحة كمطلب فلسطيني يحتل سلم الأولويات". وأعرب دويك عن أسفه لعدم اعتبار المصالحة أولوية لدى الطرف الآخر "الذي يمتهن التضييق على النواب كجزء من سياسة مرسومة يتبناها جناح متنفذ لا ينوي المصالحة، ويدفع باتجاه إحباطها بكل السبل والوسائل غير المشروعة"[208].

كما استنكر دويك قرار الحكومة التي يرأسها سلام فياض بإجراء الانتخابات المحلية في شهر تموز/ يوليو 2010، مؤكداً أن أي انتخابات تتم في ظلّ عدم التوافق الوطني، تشكل تكريساً للانقسام أياً كانت هذه الانتخابات[209]. ورأى يحيى موسى، نائب رئيس كتلة حماس في المجلس التشريعي أن ظروف الانقسام هي التي حالت دون إجراء الانتخابات[210].

وأشارت حنان عشراوي، النائب بالتشريعي عن قائمة الطريق الثالث، أن هناك عوامل داخلية وإقليمية ودولية تضع العراقيل أمام المصالحة، ولذلك ذهبت حتى الآن محاولات المصالحة أدراج الرياح[211].

وكشف النائب جميل المجدلاوي، عضو المكتب السياسي للجبهة الشعبية، في 2010/2/22، عن وجود "حراك فلسطيني إيجابي"، قال إنه قد بدأ بالفعل للتوافق على توقيع الورقة المصرية للمصالحة والملاحظات التي قدمتها الفصائل، بما فيها حماس. وأشار المجدلاوي إلى أن الأخذ بملاحظات الفصائل على الورقة المصرية للمصالحة، سيكون "عند وضع آليات التنفيذ والشروع فيها"[212].

الخاتمة

في إثر تأسيس السلطة الفلسطينية في الضفة الغربية وقطاع غزة، جرت أول انتخابات تشريعية في 1996/1/20؛ حيث تمّ تأسيس أول مجلس تشريعي فلسطيني منتخب يُقام على الأرض الفلسطينية، وفازت حركة فتح بمعظم مقاعد المجلس. أدى فشل مفاوضات الوضع النهائي في كامب ديفيد سنة 2000 وتفجر انتفاضة الأقصى إلى تمديد فترة المجلس التشريعي حتى سنة 2006.

وفي 2006/1/25 جرت الانتخابات التشريعية للمجلس التشريعي الثاني، وشاركت في هذه الانتخابات كافة الأحزاب والفصائل الفلسطينية، ما عدا حركة الجهاد الإسلامي. وفازت حركة حماس بأغلبية مقاعد المجلس الثاني. وبعد هذا الفوز دار صراع تشريعات بين المجلسين السابق والمنتخب، حيث أقر المجلس المنتهي ولايته في جلسته الأخيرة سلسلة تعديلات ومراسيم توسّع من سلطات رئيس السلطة الفلسطينية، وتقلص من سلطات المجلس التشريعي المنتخب. ووصفت حركة حماس هذه التشريعات بـ"انقلاب أبيض" ضدّها تسعى إليه حركة فتح.

وشكل فوز حماس مفاجأة وصدمة كبيرة لـ"إسرائيل"، حيث سعت إلى إسقاط حكومة حماس، التي تشكلت بعد الانتخابات بفترة قصيرة، وعرقلة أداء المجلس التشريعي بمختلف الوسائل والأدوات. وشملت هذه المحاولات حملة اعتقالات استهدفت الوزراء والنواب، حيث اعتقلت 50 نائباً، غالبيتهم من حماس، وشملت الاعتقالات عزيز دويك رئيس المجلس، ومحمود الرمحي أمين سر المجلس.

وحاول رئيس السلطة الفلسطينية محمود عباس الاستفادة من تعطيل المجلس التشريعي نتيجة الاعتقالات الإسرائيلية، حيث أصدر بعد سيطرة حماس على قطاع غزة في منتصف حزيران/ يونيو 2007، مجموعة مراسيم تجاهل فيها المجلس التشريعي، ولجأ إلى مؤسسات منظمة التحرير لإقرارها، بحجة وجود حالة الطوارئ التي أعلنها.

66

كما كانت الانتخابات من أهم القضايا التي ركز عليها الحوار الوطني الفلسطيني، والتي سعت إلى معالجة كل ما نجم عن الانقسام، وذلك من خلال حوار شامل شاركت فيه كافة الفصائل والتنظيمات والقوى المستقلة.

وعلى الرغم من أن انتخابات المجلس التشريعي الفلسطيني كانت تقتصر على الضفة الغربية وقطاع غزة، تحت مسمى سلطة الحكم الذاتي بموجب اتفاقيات أوسلو، وبالتالي يقتصر تمثيلها على ناخبيها؛ وعلى الرغم من أن المجلس التشريعي كان كباقي مؤسسات السلطة محكوماً بوضع سياسي مؤقت في ظلّ المفاوضات مع "إسرائيل"، إلا أنه شكل خطوة في اتجاه قيام مؤسسات دولة قوامها الديموقراطية، يحتل فيها صندوق الانتخابات بوصلة المستقبل الفلسطيني وتوجهاته السياسية. وبالتالي يكون المجلس التشريعي أداة للتواصل الحضاري وإدارة الخلاف ومعالجة الانقسام والتداول السلمي للسلطة، وتعبيراً عن احترام إرادة جماهير الشعب الفلسطيني.

الهوامش

[1] محمد عبد العاطي، السلطة الوطنية الفلسطينية، موقع الجزيرة.نت، 2004/10/3، انظر:
http://www.aljazeera.net/NR/exeres/0B089B62-AA97-4C3B-9622-9FAAB582C4F1.htm

[2] جريدة الأيام، رام الله، 2009/11/12.

[3] يزيد صايغ وخليل الشقاقي، "تقوية مؤسسات السلطة الفلسطينية،" موقع المركز الفلسطيني للبحوث السياسية والمسحية، انظر: http://www.pcpsr.org/arabic/cfr/full1.html

[4] إدوارد سعيد، نهاية عملية السلام أوسلو وما بعدها (بيروت: دار الآداب للنشر والتوزيع، 2002)، ص 89.

[5] محمد عبد العاطي، مكونات السلطة الوطنية الفلسطينية، الجزيرة.نت، 2006/7/7 انظر:
http://www.aljazeera.net/NR/exeres/9036FE32-B2A0-4B6E-AB6B-49CB990AFE3F.htm

[6] النص الحرفي المعدل لخارطة الطريق وثيقة رقم 70، موقع الهيئة الفلسطينية للاجئين، انظر:
http://www.pcrp.ps/details.php?type_id=11&id=119

[7] محمد عبد العاطي، مكونات السلطة الوطنية الفلسطينية.

[8] المرجع نفسه.

[9] موقع المجلس التشريعي الفلسطيني، انظر: http://www.plc.go-.ps/details.aspx?menuid=12

[10] محمد عبد العاطي، مكونات السلطة الوطنية الفلسطينية.

[11] يزيد صايغ وخليل الشقاقي، مرجع سابق.

[12] محمد عبد العاطي، مكونات السلطة الوطنية الفلسطينية.

[13] موقع البرنامج الإنمائي للأمم المتحدة، برنامج إدارة الحكم في الدول العربية، انظر:
http://www.arab-ipu.org/pdb/LoadLawBook.asp?SC=021020014548044

[14] موقع المجلس التشريعي الفلسطيني، انظر: http://www.plc.gov.ps/details.aspx?menuid=12

[15] يزيد صايغ وخليل الشقاقي، مرجع سابق.

[16] موقع المجلس التشريعي الفلسطيني، انظر: http://www.plc.gov.ps/details.aspx?menuid=21

[17] المرجع نفسه.

[18] موقع المجلس التشريعي الفلسطيني، انظر: http://www.plc.gov.ps/details.aspx?menuid=19

[19] موقع المجلس التشريعي الفلسطيني، انظر: http://www.plc.go-.ps/details.aspx?menuid=12

[20] المرجع نفسه.

[21] المرجع نفسه.

[22] المرجع نفسه.

[23] عبد القادر ياسين، "ظروف ميلاد منظمة التحرير الفلسطينية،" في عبد القادر ياسين ومجموعة من الباحثين، منظمة التحرير الفلسطينية: التاريخ – العلاقات – المستقبل (بيروت: باحث للدراسات، 2009)، ص 16-19.

24 موقع المجلس الوطني الفلسطيني، انظر : http://www.palestinepnc.org/page.php?id=2

25 محسن صالح (محرر)، منظمة التحرير الفلسطينية: تقييم التجربة وإعادة البناء (بيروت: مركز الزيتونة للدراسات والاستشارات، 2007)، ص 56.

26 موقع المجلس الوطني الفلسطيني، انظر : http://www.palestinepnc.org/page.php?id=2

27 محسن صالح، منظمة التحرير الفلسطينية، ص 56 و 62.

28 المرجع نفسه، ص 62-63.

29 هشام أبو غوش، دورة أعمال المجلس المركزي (15-2009/12/16) نجحت في منع وقوع فراغ دستوري.. ولكن، المركز الفلسطيني للتوثيق والمعلومات، انظر :
http://www.malaf.info/?page=ShowDetails&Id=13249&table=pa_documents&CatId=219؛
والمجلس المركزي الفلسطيني، الجزيرة.نت، 2007/7/18، انظر :
http://www.aljazeera.net/news/archive/archive?ArchiveId=1063690

30 عمر البرش، رؤية قانونية لمحاولة نقل صلاحيات المجلس التشريعي الفلسطيني للمجلس المركزي، المركز الفلسطيني للتوثيق والمعلومات، انظر :
http://www.malaf.info/?page=ShowDetails&Id=12556&table=pa_documents&CatId=219

31 المجلس المركزي الفلسطيني، الجزيرة.نت، 2007/7/18.

32 أحمد منصور إسماعيل، "المراحل الرئيسية في مسيرة منظمة التحرير،" في عبد القادر ياسين ومجموعة من الباحثين، منظمة التحرير الفلسطينية: التاريخ – العلاقات – المستقبل (بيروت: باحث للدراسات، 2009)، ص 38-39.

33 يزيد صايغ وخليل الشقاقي، مرجع سابق.

34 موقع لجنة الانتخابات المركزية – فلسطين، انظر :
http://www.elections.ps/atemplate.aspx?id=7&sndx=0

35 موقع لجنة الانتخابات المركزية – فلسطين، انظر :
http://www.elections.ps/atemplate.aspx?id=31

36 موقع لجنة الانتخابات المركزية – فلسطين، انظر :
http://www.elections.ps/atemplate.aspx?id=15&sndx=8

37 محمد عبد العاطي، السلطة الوطنية الفلسطينية.

38 موقع لجنة الانتخابات المركزية – فلسطين، انظر :
http://www.elections.ps/atemplate.aspx?id=38

39 يوسف صافي، "تجربة المجلس التشريعي الفلسطيني 1996-2008،" مركز هدف لحقوق الإنسان، 2008، ص 14-15، انظر :
http://www.hadaf-hr.com/arabic/modules/myfiles/files/1_1238051299.pdf؛
وموقع لجنة الانتخابات المركزية – فلسطين، انظر :
http://www.elections.ps/admin/pdf/elections96.pdf

[40] جهاد عودة، "المجلس التشريعي الفلسطيني للمرحلة الانتقالية نحو تأسيس حياة برلمانية،" مجلة **دراسات استراتيجية**، أبو ظبي، العدد 100، 2004، ص 27-28.

[41] موقع لجنة الانتخابات المركزية — فلسطين، انظر:

http://www.elections.ps/admin/pdf/elections96.pdf

[42] المرجع نفسه.

[43] جميل هلال، **النظام السياسي الفلسطيني بعد أوسلو: دراسة تحليلية نقدية**، (بيروت: مؤسسة الدراسات الفلسطينية، 1998)، ص 186-187.

[44] موقع لجنة الانتخابات المركزية — فلسطين، انظر:

http://www.elections.ps/admin/pdf/elections96.pdf

[45] جهاد عودة، مرجع سابق، ص 29-30.

[46] موقع المجلس التشريعي الفلسطيني — غزة، انظر:

http://www.plc.gov.ps/details.aspx?menuid=12

[47] دراسات حول تقيم المجلس التشريعي، المركز الفلسطيني لحقوق الإنسان، انظر:

http://www.pchrgaza.org/portal/ar/index.php?option=com_content&view=category&id=108&Itemid=231

[48] جريدة، الرأي، عمّان، 2005/3/8.

[49] المرجع نفسه، ص 45-46.

[50] المرجع نفسه.

[51] المرجع نفسه، ص 46-47، و84-85.

[52] المرجع نفسه، ص 50-51.

[53] المرجع نفسه، ص 46-53.

[54] المرجع نفسه، ص 54.

[55] المرجع نفسه، ص 55-56.

[56] "المجلس التشريعي الفلسطيني: عشرة أعوام من غياب المساءلة، دراسة تحليلية نقدية للمجلس التشريعي الفلسطيني خلال العقد الأول من عمره 1996-2006،" المركز الفلسطيني لحقوق الإنسان، أيار/ مايو 2006، انظر:

http://www.pchrgaza.org/arabic/studies/plc_study_42.pdf

[57] محسن صالح، **القضية الفلسطينية: خلفياتها وتطوراتها حتى سنة 2001**، الطبعة الثانية (كوالالمبور: فجر أولونغ Fagar Ulung، وبروفشينال إيغل تريدينغ أس.دي.أن. بي.أتش.دي. Professional (Eagle Trading Sdn. Bhd.، 2002)، ص 85؛

The Palestinian Academic Society for the Study of International Affairs, Jerusalem- PASSIA, Palestine Facts 1997, see:

http://www.passia.org/palestine_facts/chronology/1997.htm

[58] حنان قمر، إشكالية الديمقراطية في فلسطين، المجموعة الفلسطينية لمراقبة حقوق الإنسان، 2005/12/4، انظر:
http://www.phrmg.org/arabic/democracy%20in%20palestine%20Hanan.htm

[59] جميل هلال، **مرجع سابق**، ص 239.

[60] "المجلس التشريعي الفلسطيني، عشرة أعوام من غياب المساءلة،" المركز الفلسطيني لحقوق الإنسان، أيار/ مايو 2006.

[61] المرجع نفسه.

[62] جريدة **الأهرام**، القاهرة، 1998/8/7.

[63] "المجلس التشريعي الفلسطيني، عشرة أعوام من غياب المساءلة،" المركز الفلسطيني لحقوق الإنسان، أيار/ مايو 2006.

[64] جهاد عودة، **مرجع سابق**، ص 55-57.

[65] **المرجع نفسه**، ص 59.

[66] أمجد الآغا، "قراءة قانونية في مدى دستورية مد ولاية المجلس التشريعي الفلسطيني،" موقع المجلس التشريعي الفلسطيني – غزة، انظر: http://www.plc.gov.ps/study.aspx?id=%208

[67] قانون رقم (9) لسنة 2005 بشأن الانتخابات، موقع لجنة الانتخابات المركزية – فلسطين، انظر:
http://www.elections.ps/admin/pdf/new_law2.pdf

[68] تقرير، الانتخابات التشريعية الثانية، 2006/1/25، لجنة الانتخابات المركزية – فلسطين، رام الله، 2006/5/31، انظر:
http://www.elections.ps/admin/pdf/Final_Report_PLC_Elections_2006_-_Text.pdf

[69] المرجع نفسه.

[70] "دراسة إحصائية وسياسية في نتائج الانتخابات التشريعية الفلسطينية الثانية 25 كانون الثاني/ يناير 2006،" مركز دراسات الشرق الأوسط، عمّان، انظر:
http://www.mesc.com.jo/Studies/Studies_3.html#_Toc126327338

[71] المرجع نفسه.

[72] المرجع نفسه.

[73] **الأيام**، 2006/2/13.

[74] جريدة **الغد**، عمّان، 2006/2/13.

[75] **الأيام**، وجريدة **الحياة الجديدة**، رام الله، 2006/2/14.

[76] جريدة **الحياة**، لندن، 2006/2/14.

[77] **الأيام**، 2006/2/14.

[78] **الحياة**، 2006/2/14.

[79] **الحياة**، وجريدة **الشرق الأوسط**، لندن، 2006/2/14.

[80] **الحياة الجديدة**، 2006/2/14.

[81] **الأيام**، و**الحياة الجديدة**، 2006/2/14.

[82] **الحياة الجديدة**، 2006/2/14.

[83] **الأيام**، 2006/2/14.

[84] جريدة **البيان**، دبي، 2006/2/21.

[85] المركز الفلسطيني للإعلام، 2006/2/21، انظر:
http://www.palestine-info.info/arabic/hamas/hewar/2006/doweek/doweek_1.htm

[86] وكالة الأنباء والمعلومات الفلسطينية- وفا، 2006/2/22، انظر:
http://www.wafa.pna.net/body.asp?id=79172

[87] **الحياة**، وجريدة **القدس العربي**، لندن، وجريدة **المستقبل**، بيروت، 2006/3/7.

[88] جريدة **عكاظ**، السعودية، 2006/3/8.

[89] **عكاظ**، 2006/3/8.

[90] أسعد تلحمي، صدمة في إسرائيل من فوز حماس، المركز الفلسطيني للدراسات الإسرائيلية- مدار، المشهد الإسرائيلي، 2006/1/27، انظر:
http://www.madarcenter.org/almash-had/viewarticle.asp?articalid=2885

[91] Executive Summary of the Sixth Herzliya Conference, April 2006, p. 2, 3, 17, and 19, see: http://www.herzliyaconference.org/Eng/_Uploads/1590Executive_Summary_part1.pdf

[92] Steven Erlanger, "U.S. and Israelis are said to talk of Hamas Ouster," in The New York Times newspaper, 14/2/2006, see:
http://www.nytimes.com/2006/02/14/international/middleeast/14mideast.html?_r=1

[93] موقع الحملة الدولية للإفراج عن النواب المختطفين، انظر:
http://www.freeplc.org/ar/home.php?page=c2hvd1RocmVhZA==&id=Mjg3&type=ZHluYW1pYw

[94] عبد الناصر فروانة، استمرار اختطاف النواب والوزراء انتهاك فاضح لأبسط الأعراف الدولية، موقع فلسطين خلف القضبان، 2007/11/10، انظر:
http://www.palestinebehindbars.org/alnoabnov2007.htm

[95] مركز أحرار لدراسات الأسرى وحقوق الإنسان، 2009/6/25، انظر:
http://www.ahrar-pal.info/arabic/?articles=topic&topic=514

[96] **الشرق الأوسط**، 2006/7/6.

[97] **الحياة**، 2006/8/18.

[98] **الخليج**، 2008/12/17، ووكالة قدس نت للأنباء، 2009/1/10، انظر:
http://www.qudsnet.com/arabic/news.php?maa=View&id=91585

[99] **الدستور**، 2008/11/14.

[100] **الشرق الأوسط**، 2008/12/17.

[101] مركز أحرار لدراسات الأسرى وحقوق الإنسان، 2009/3/31، انظر:
http://www.ahrar-pal.info/arabic/?articles=topic&topic=430

[102] جريدة **فلسطين**، 2009/9/3، ومركز أحرار لدراسات الأسرى وحقوق الإنسان، 2009/11/2، انظر: http://www.ahrar-pal.info/arabic/?articles=topic&topic=628

[103] موقع الحملة الدولية للإفراج عن النواب المختطفين، انظر:
http://www.freeplc.org/ar/home.php?page=c2hvd1RocmVhZA==&id=Mjg3&type=ZHluYW1pYw==؛ وانظر:
http://www.freeplc.org/ar/home.php?page=c2hvd1RocmVhZA==&id=MzE0&type=ZHluYW1pYw==

[104] **الخليج**، 2009/7/20.

[105] موقع إخوان أون لاين، 2007/11/7، انظر:
http://www.ikhwanonline.com/Article.asp?ArtID=31940&SecID=231

[106] **الحياة**، 2009/6/24.

[107] **السبيل**، 2009/6/26.

[108] وكالة قدس نت، 2009/6/25، انظر:
http://www.qudsnet.com/arabic/news.php?maa=View&id=109093

[109] **الحياة**، 2009/6/26.

[110] **القدس العربي**، 2009/6/26.

[111] الجزيرة.نت، 2009/6/26، انظر:
http://www.aljazeera.net/NR/exeres/1BC6C9BC-27DB-46A5-A861-E55BB340CD2B.htm

[112] المرجع نفسه.

[113] **القدس العربي**، 2009/7/1.

[114] **الخليج**، 2009/7/20.

[115] **الحياة**، 2007/6/15، وموقع عرب48، 2007/6/14، انظر:
http://www.arabs48.com/display.x?cid=6&sid=7&id=46211

[116] **الحياة**، 2007/6/15، و**البيان**، 2007/6/15، و**الرأي**، عمّان، 2007/6/16.

[117] **الحياة**، 2007/6/23، ووكالة وفا، 2007/6/22، انظر:
http://www.wafa.ps/arabic/body.asp?id=54316

[118] **الأيام**، 2007/6/23.

[119] وكالة رويترز، 2007/7/8، انظر:
http://ara.today.reuters.com/news/newsArticle.aspx?type=topnews&storyID=2007-07-08T153140Z_01_OLR855194_RTRIDST_0_OEGTP-PAL-ABBAS-AT2.XML

[120] الجزيرة.نت، 2007/7/11، انظر:
http://www.aljazeera.net/News/archive/archive?ArchiveId=1063092

[121] وكالة وفا، 2007/7/18، انظر:
http://www.wafa.ps/arabic/cphotonews.asp?num=56346

122 الحياة، 2007/7/20.

123 جريدة الأخبار، بيروت، 2007/7/20.

124 الحياة الجديدة، 2007/9/3.

125 الحياة، 2007/9/4.

126 جريدة الدستور، عمّان، 2007/11/9.

127 الأيام، 2009/10/24.

128 جريدة فلسطين، غزة، 2009/10/25.

129 الحياة، 2009/11/18.

130 جريدة فلسطين، 2009/12/17.

131 المركز الفلسطيني للإعلام، 2009/12/16، انظر:
http://www.palestine-info.info/ar/default.aspx?xyz=U6Qq7k%2bcOd87MDI46m
9rUxJEpMO%2bi1s7L8OuotEr34X4YJIO4Jf0KCvnEBQFh3lVXzBJFNoiBJ0I
MtkERYRFW1fbcglUtrdKVYZTSWV0EDkKk0OF9zDtnGob9Sd%2fCKggLN-
H8BhqStYs%3d

132 جريدة فلسطين، 2010/1/25.

133 القدس العربي، 2010/3/2؛ والجزيرة.نت، 2010/3/1، انظر:
http://www.aljazeera.net/NR/exeres/422C90DB-985E-4342-93B8-
C2F1004518D0.htm

134 الجزيرة.نت، 2010/3/1، انظر:
http://www.aljazeera.net/NR/exeres/422C90DB-985E-4342-93B8-
C2F1004518D0.htm

135 الخليج، 2010/3/2.

136 الأيام، 2010/3/2.

137 الأيام، 2010/3/4.

138 الجزيرة.نت، 2010/3/4، انظر:
http://www.aljazeera.net/NR/exeres/A02D3696-4599-407B-9B66-
DC2D5914F522.htm

139 الحياة، 2007/6/16.

140 الحياة، 2007/6/16.

141 القدس العربي، 2007/6/23.

142 جريدة القدس، القدس، 2007/6/18.

143 الدستور، 2007/7/9.

144 جريدة الوطن، سلطنة عُمان، 2007/6/18.

145 المركز الفلسطيني للإعلام، 2007/9/16، انظر:
http://www.palestine-info.info/ar/default.aspx?xyz=U6Qq7k%2bcOd87MDI46
m9rUxJEpMO%2bi1s76wXxN8QT%2btitVZMF0D5J3lSuJjE0LFAab%2fqfJS
GfuUZ9YcdwLfdp6c0BT41YwqwF3irHOJcM59lniHLICEF%2f7leIWLtUKl-
xTsoOH1PdJiOg%3d

[146] وكالة معاً الإخبارية، 2007/7/12: انظر:

http://www.maannews.net/ar/index.php?opr=ShowDetails&ID=74358

[147] المرجع نفسه.

[148] **الحياة**، 2007/7/6.

[149] **القدس العربي**، 2007/7/6.

[150] **الأيام**، 2007/7/19.

[151] **الحياة**، 2007/7/23.

[152] **الحياة**، 2007/7/23.

[153] **البيان**، 2007/8/16.

[154] **الأيام**، 2007/9/4.

[155] **الأيام**، 2007/9/4.

[156] المركز الفلسطيني للإعلام، 2007/9/8، انظر:

http://www.palestine-info.info/Ar/default.aspx?xyz=U6Qq7k%2bcOd87MDI46m9rUxJEpMO%2bi1s7trvdgTzqSS%2fPkwbo2009w13bKG4NYCFwRUJnPWtFazYndkpOuVkc2y9%2bVqeC4mRJISgecVzy6NHMcWPvqbq2nyR2LSoxjYOvEEp%2fHE%2fTEJs%3d

[157] **الأيام**، 2007/11/4.

[158] **المرجع نفسه.**

[159] جريدة **فلسطين**، 2008/1/11.

[160] **الغد**، 2008/3/14.

[161] **الأيام**، 2008/9/9.

[162] **القدس العربي**، 2008/10/7.

[163] جريدة **فلسطين**، 2008/12/4.

[164] **القدس العربي**، 2009/6/24.

[165] الجزيرة.نت، 2009/7/23، انظر:

http://www.aljazeera.net/NR/exeres/368E8264-50D6-4994-AAF1-5E547128CE62.htm

[166] المرجع نفسه.

[167] المرجع نفسه.

[168] **الغد**، 2009/7/26.

[169] جريدة **فلسطين**، 2009/6/27.

[170] جريدة **فلسطين**، 2009/8/28.

[171] جريدة **فلسطين**، 2009/10/25.

[172] **القدس العربي**، 2009/10/27.

[173] **القدس العربي**، 2009/11/11.

[174] جريدة **فلسطين**، 2009/10/24.

[175] **الحياة**، 2009/11/18.

[176] **القدس العربي**، 2009/11/17.

[177] وكالة معاً، 2009/12/8، انظر:
http://www.maannews.net/arb/ViewDetails.aspx?ID=245332

[178] جريدة **فلسطين**، 2009/12/17.

[179] المركز الفلسطيني للإعلام، 2009/12/16، انظر:
http://www.palestine-info.info/ar/default.aspx?xyz=U6Qq7k%2bcOd87MDI46m9rUxJEpMO%2bi1s7L8OuotEr34X4YJIO4Jf0KCvnEBQFh3lVXzBJFNoiBJ0IMtkERYRFW1fbcglUtrdKVYZTSWV0EDkKk0OF9zDtnGob9Sd%2fCKggLN-H8BhqStYs%3d

[180] **الحياة**، 2010/1/25.

[181] **الأيام**، 2009/11/18.

[182] **المرجع نفسه**.

[183] **المرجع نفسه**.

[184] **القدس العربي**، 2009/11/17.

[185] **القدس العربي**، 2010/1/25.

[186] **القدس العربي**، 2010/1/25.

[187] جريدة **العرب**، قطر، 2010/1/26.

[188] جريدة **فلسطين**، 2010/1/27.

[189] **عكاظ**، 2010/1/25.

[190] موقع إذاعة صوت الأقصى، 2010/1/26، انظر:
http://www.alaqsavoice.ps/arabic/index.php?action=detail&id=49996

[191] موقع كلنا غزة، 2009/12/1، انظر:
http://kolonagazza.blogspot.com/2009/12/blog-post_01.html

[192] المرجع نفسه.

[193] الجزيرة.نت، 2009/4/20، انظر:
http://www.aljazeera.net/NR/exeres/07A76486-D67B-4F0C-A906-4A6A6A4C0F34.htm

[194] المركز الفلسطيني للإعلام، 2009/11/29، انظر:
http://www.palestine-info.info/ar/default.aspx?xyz=U6Qq7k%2bcOd87MDI46m9rUxJEpMO%2bi1s7t5smp0iavg%2fhDZ6tll7jO8g1KJKvjzfRdI50ThRuSGLrb8Ygy%2bTciBS9SJEWKgunPitzL4MfytStXNQW52FhB6ZknnxFjKFr-GEIl42GEO3w%3d

[195] جريدة **الرسالة**، غزة، 2010/1/23.

[196] **الأيام**، 2009/9/12.

¹⁹⁷ المرجع نفسه.

¹⁹⁸ المرجع نفسه.

¹⁹⁹ الحياة، 2009/10/26.

²⁰⁰ المرجع نفسه.

²⁰¹ الشرق الأوسط، 2009/10/26.

²⁰² الجزيرة. نت، 2009/10/24، انظر:

http://www.aljazeera.net/NR/exeres/7D8C4B60-8F8C-4E12-9BC9-7AB345701357.htm

²⁰³ وكالة قدس برس انترناشونال، 2009/10/30.

²⁰⁴ الأيام، 2010/2/16.

²⁰⁵ جريدة السبيل، الأردن، 2010/2/11.

²⁰⁶ المركز الفلسطيني للإعلام، 2010/1/9، انظر:

http://www.palestine-info.info/ar/default.aspx?xyz=U6Qq7k%2bcOd87MDI46
m9rUxJEpMO%2bi1s7G0c9GIgZBLlvHHhJdUkzuhlh0HyIQWlQCmGorZkcvy
kIU8bsBMFdcWTJr4PHzDDpKK9k8leBPuM%2bbXkAAj92ystdTt%2fxZD20-z05eMWlBVW8%3d

²⁰⁷ الجزيرة. نت، 2010/2/5، انظر:

http://www.aljazeera.net/NR/exeres/0DB90981-2804-4670-A23E-8AE4FD346FBC.htm

²⁰⁸ السبيل، 2010/2/11.

²⁰⁹ السبيل، 2010/2/11.

²¹⁰ الشرق الأوسط، 2010/1/25.

²¹¹ عكاظ، 2010/2/22.

²¹² القدس العربي، 2010/2/23.

Printed in the United States
By Bookmasters